第1章

「豊かさ」とは

見えないものを感じる心

兵庫県篠山市今田町。春は鮮やかな新緑。秋は美しい紅葉の山々。澄んだ空気と豊かな自然あふれるおだやかな場所。日本六古窯としても有名な焼き物の里です。私は、この場所の雰囲気、人が好きです。数ある窯元の中に「丹窓窯」という窯元があります。そこでは、「スリップウェア」という、器の表面をドロ状にして、文様を描くイギリスの伝統技法で陶器が作られています。何千年も昔から作られていると言われています。その技術を受け継いでいる窯元が「丹窓窯」なのです。「丹窓窯」7代目主人の市野茂良さん。氏は24歳の時にイギリスへ渡り、スリップウェアの技術を習得してきました。しかし、残念ながら今から10年前にお亡くなりになられました。その時、江戸時代から続いてきた「丹窓窯」を閉めてしまうという話になりました。そこで周りから背中を押され、後を継いだ人がいます。茂良さんの奥さんの茂子さんです。

仕事場も見せていただきました。そこは当時と変わらない茂良さんの仕事場だそうです。見せてもらった時、心が震えました。「人の歴史と想いがつまった場所なんだな」「代々受け継がれた歴史と伝統が今も息づいているんだな」

と感じました。今は茂子さんと娘の公子さんとで作陶を続けています。P.15のものは、茂良さんが亡くなられる前に作られた器をいただいたものです。「もの」をいただくという感覚よりも、「こと」をいただくという感覚です。なぜそのものが生まれたのか、なぜそれが受け継がれているのか、その足跡、その意味を感じると違ったようにものが見えてきます。うまく言えませんが、**歴史や伝統、人の想いなど、言葉では語れないものが息づいている**と思うのです。そういった時に、私は「豊かさ」を感じます。その器に熱いお茶を入れて、ほっと一息つく時間も私にとっては「豊かな」時間なのです。「豊かさ」とは、**見えないものを感じる心**なのかもしれません。

社会科の教科書を見ていて色々なことを感じ

ます。

例えば、４年生の社会科教科書の単元名には「住みよいくらしをつくる」「自然災害からくらしを守る」「特色ある地域と人々のくらし」「健康なくらしとまちづくり」「くらしと電気」「健康なくらしを守る仕事」「くらしを支える水」「わたしたちのくらしと電気」「わたしたちのくらしとガス」「くらしのなかに伝わる願い」というように、「**くらし**」という表記がされています。「生活」ではないのですね。「くらし」と「生活」の違いを調べてみると、「くらし」は「生き方」などを含めたより広い意味を表していました。

陶芸家の河井寛次郎氏の言葉に「くらしが仕事、仕事がくらし」という言葉があります。私はこの言葉が大好きです。氏は常々「美しい仕事、正しい仕事は、美しいくらし、正しいくら

くらし

LIFE

しから生まれてくる」という想いをもっておられたそうです。**「くらし」はすべて「生き方」につながっているという捉え方**ができます。

また、ある社会科教科書4年生に掲載されている通潤橋のエピソードも心に残ります。通潤橋は熊本県山都町の白糸台地に存在します。160年前までこの村は、谷に囲まれ水脈を閉ざされ、村の人たちも困り果てていました。そこで、布田保之助という人物がこの村に水を通すための通潤橋をつくる決心をしたのです。それから10年、村をあげての人々の知恵と労働能力を集め、努力と苦労の末、通潤橋は完成しました。その結果、新しく40町歩の田畑が拓かれたのです。その頃の様子は、今もなお美しい田園風景として残っています。そのような通潤橋ですが、2016年4月の熊本地震でひび割れなどが生じてしまいました。6月の大雨では用水に多くの土砂が流れ込み、大きな被害を受けました。しかし、地域の人々を中心に、通潤橋修復と地域の復興作業が行われました。教科書の最後にはこのように書かれています。「橋の修復には、現代的な技術は使われず、布田保之助らが考えた特別なしっくいが使われました。このことが、通潤橋の価値を未来に残すことにつながると考えられているからです」と。160年以上前に行われた事業は、今も残る地域の人々の自主独立の志と、豊かさを求める自力更生の力につながっているのです。村を興すには温かな人間関係がなければできません。この村には、過去の想いを引き継ぎ、未来のくらしへのおもいやりにあふれています。**人の心を豊かにさせる共生のくらし**が存在しているのです。

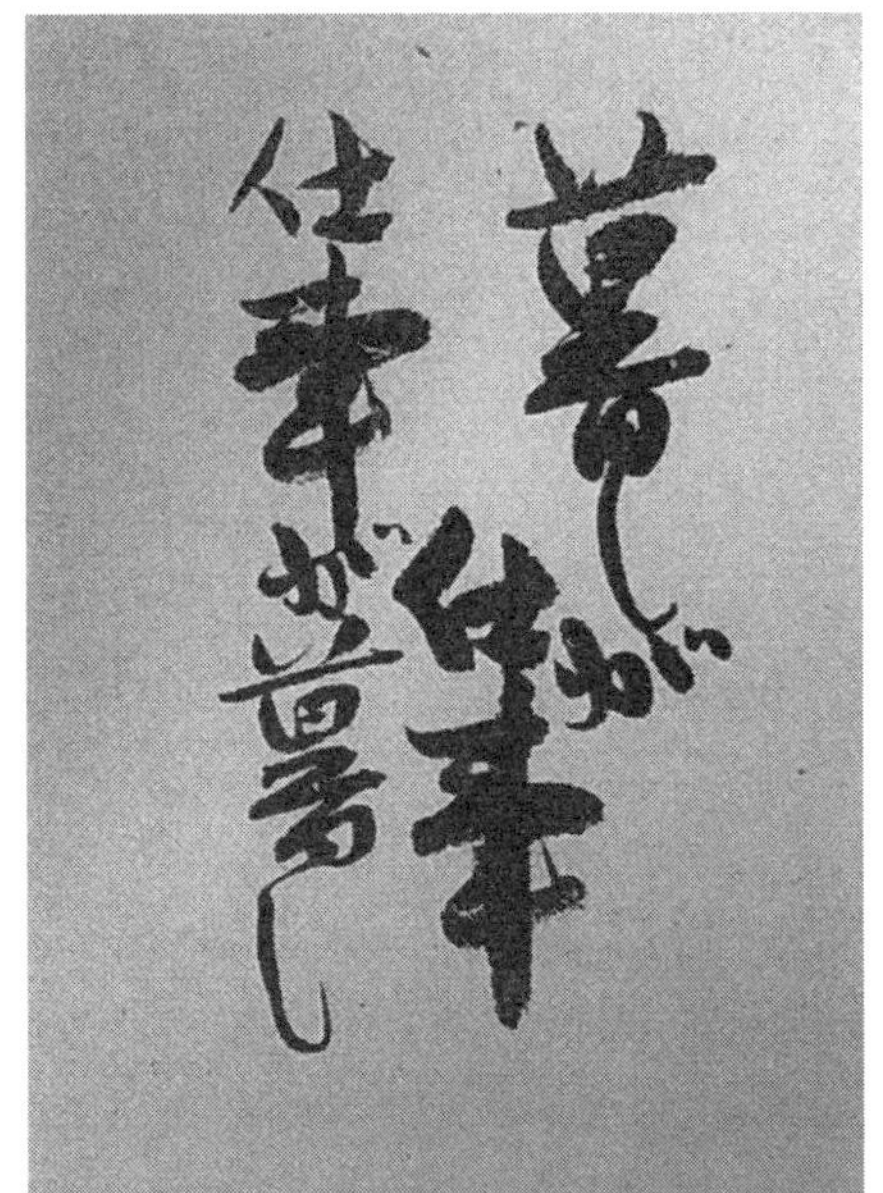
暮しが仕事
仕事が暮し

豊かな社会科授業とは

1　社会科で育てたい「豊かさ」をもつ子ども

「自分も周りも幸せにできる『豊かさ』をもつ子を育てる社会科」。これが私の目標とする社会科のあり方です。子どもたちが、自分や周りの幸せのために主体的に行動できる人であってほしいと願います。そして子どもたちに、「豊かな」人生を歩んでほしいと願います。社会科は、「豊かな」人を育て、幸せを追究する教科だと信じています。

2　社会科での「豊かさ」とは

社会科は、人の営みで成り立つ事象やものを対象に学習する教科です。扱う社会的事象には人の想いや願い、工夫や努力が「見えないもの」として存在しています。その**「見えないもの」を見えるようになることが「豊かさ」につながる**のです。社会科を学ぶことで、**当たり前に何となく見えていた社会が少しでも違って見えると感じることが「豊かさ」につながる**のです。

しかし、このような見方は日常生活の中で簡単に身につくものではありません。地道に長い時間をかけて培うものです。ですから、社会科という教科が必要であり、学ぶことの意味があるのです。

第2章

「豊かさ」のある社会科授業

社会的な見方・考え方

自分も周りも幸せにできる「豊かさ」をもつ子を育てたいと前章で述べました。自分も周りも幸せにするためには、それにふさわしい考え方と行動ができなければいけません。よりよい社会にしていこうという気持ち、行動がポイントとなります。

そのために、まずは、世の中のことがよく見えるようになる必要があります。**世の中のことが見え、社会のシステムがわかった上で、選択・判断し、主体的に行動していくことがよりよい社会をつくっていくことにつながるのです。**

見えないものを見えるようにするものが「**概念的知識**」です。概念的知識とは、**社会的事象の目には見えない関係性を説明するための知識**のことです。この知識を通して社会を見ていくので「社会を見る眼鏡」などとよく表現されます。社会科授業では、この概念的知識をいかに獲得し、それを使っていかに社会を見られるようになるかが鍵となります。そして、さらに豊かに社会を見られるようにするために、概念的知識を豊かにしていくのです。本章では、**概念的知識を獲得し、より豊かにしていくこと**を目的とした授業デザインを提案していきます。

豊かな人生
よりよい社会
公民としての資質・能力
概念的知識の獲得
社会的な見方・考え方を働かせた
問題解決的な学習

①社会的な見方・考え方の変遷

概念的知識を獲得するために、**社会的な見方・考え方を働かせた問題解決的な学習**を行うことが必須です。ここでは、まず「社会的な見方・考え方」とは何なのかを説明します。

社会科発足以来、「社会的な見方・考え方」の捉え方は様々でした。左図のように、それぞれの年度版によって示されている表記も違っていました。

平成20年度版では、「社会的な見方や考え方を成長させること」と表記されるようになり、次のように示されていました。

> 社会科、地理歴史科、公民科においては、その課題を踏まえ、小学校、中学校及び高等学校を通じて、社会的事象に関心をもって多面的・多角的に考察し、公正に判断する能力と態度を養い、社会的な見方や考え方を成長させることを一層重視する方向で改善を図る。

しかし、「社会的な見方や考え方」が何なのか、その定義は明確に示されてはいませんでした。そのため、「社会的な見方や考え方」の捉え方が人によって様々でした。例えば、「見方」は「概念」で「考え方」は「価値」とする捉え方や、「見方」は「事実」で「考え方」は「概

昭和２２年度版（試案）	物の考え方
昭和２６年度版（試案）	物の見方考え方
昭和３０年度版	様々な形で「考え方」という表記
昭和４３年度版	※記述なし
昭和５２年度版	※記述なし
平成　元年度版	社会的なものの見方や考え方
平成１０年度版	社会的なものの見方や考え方
平成２０年度版	社会的な見方や考え方
平成２９年度版	社会的な見方・考え方

澤井陽介・加藤寿朗(2017)：『見方・考え方 社会科編』.東洋館出版社.を参考に作成

方法概念であり、授業改善の視点です！

念」とする捉え方などです。内容面に着目した捉え方だと考えることができます。また、内容面だけでなく、問題を追究し解決するために活用するという方法面としても捉えられてきました。つまり、これまでは、「社会的な見方や考え方」の**内容的側面と方法的側面の両面を育成する社会科授業**が目指されていたのです。

それが、今回の小学校指導要領（平成29年告示）解説 社会編では、次のように**「視点や方法」であるとはっきりと定義されました。**

> 「社会的な見方・考え方」は、課題を追究したり解決したりする活動において、社会的事象などの意味や意義、特色や相互の関連を考察したり、社会に見られる課題を把握して、その解決に向けて構想したりする際の「視点や方法」である。

また、

> 小学校社会科においては、「社会的事象を、位置や空間的な広がり、時期や時間の経過、事象や人々の相互関係などに着目して捉え、比較・分類したり総合したり、地域の人々や国民の生活と関連付けたりすること」を「社会的事象の見方・考え方」として整理し、（以下略）

とも明記されました。

つまり、「社会的な見方・考え方」は、社会科という教科ならではの学習の仕方、追究の仕方であり、方法的な側面に焦点を当てた**方法概**

社会的事象をどの視点から見て、どのように考えるかが大切ですね！
社会的な見方・考え方
見方＝視点
位置や空間的な広がり、時期や時間の経過、事象や人々の相互関係などに着目すること
考え方＝思考の方法
比較・分類したり総合したり、地域の人々や国民の生活と関連付けたりすること
地形、気候、地域
時代、変化、発展
工夫、努力、願い　等
追究する
ヒト、モノ、コトを見ていく
概念的知識
社会的事象を
考察
社会との関わり方を
構想
価値判断・意志決定
問題解決学習

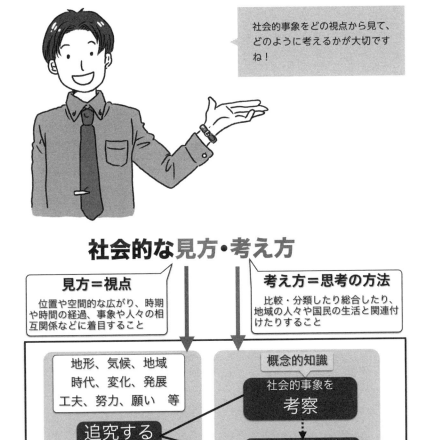

講演『今、社会科に求められていること』2016(唐木清志)を参考に作成

念であると捉えることができます。「社会的な見方・考え方」は育成されるべき資質・能力ではなく、**授業改善の視点**であるということです。

新学習指導要領では、「社会的な見方や考え方」から、「社会的な見方・考え方」に変化しました。「・(中黒)」が入っているのは「ベン図」のイメージです。「見方」と「考え方」、違う言葉ですが、つながりが深いので便宜的に一つの単語として使うという意味です。つまり、「見方」「考え方」は、**それぞれ独立的に捉えられるものでありながら、一体として用いられ、相関的に働くもの**だと考えられます。比較や分類、総合などの考え方は、教科横断的に捉えられるものですが、「見方」はその教科特有のものとなります。その教科特有の**「見方」があってはじめて、その教科ならではの「考え方」が働く**のです。もちろん子どもたちは、その子なりの「見方」や「考え方」をもっています。

社会科授業を通して子どもたちがもつ「見方」や「考え方」を成長させ、より豊かなものにしていくという側面も重要です。

見方
・
考え方
JAM

②社会的な見方・考え方を「働かせる」

社会的な見方・考え方を「働かせる」とは、**地理的な視点、歴史的な視点、関係的な視点に着目して「問い」を設け、比較や分類、関連づけ等の思考を経て、社会的事象の様子や仕組みなどを捉えること**です。簡単に言えば、子どもたちが**何に着目してどのような「問い」を設け、どのように考えるか**ということです。例えば「社会全体を見て理解しろ」と言われても困るのではないでしょうか。子どもたちも同じです。全体を見てもぼんやりとします。子どもたちに「社会を見なさい」と言っても無理があります。だから「**社会的な見方（視点）**」があるのです。視点を定めることで子どもたちは社会的事象を具体的に見られるようになり、考えるべき所に焦点を当てられるのです。そして、その視点をもとに考えることが「**社会的な考え方（追究の方法）**」と言えます。

例えば、**地理的な視点**で見ていくと、「キャベツはどのような場所で多く作られているのか？」「自動車の部品はどこからどのようにして運ばれてくるのだろう？」等の問いが考えられます。**歴史的な視点**で見ていくと、「パイプラインが作られるようになったのはなぜなのだろう？」「いつ頃から、海外生産が行われるようになったのだろう？」「今後、流通システムはどのように変わっていくのだろう？」等の問いが考え

社会的事象って何を見たらいいのかわからない。

「社会的事象の見方・考え方」を働かせる

▶何に着目し、どのような「問い」を設けるか

問い
どのように変わってきたのか？
なぜ続いているのか？

問い
どのような場所にあるか？
なぜ広がっているのか？

歴史的

地理的

社会的事象

比較・分類
総合
関連付け

関係的

問い
どのようなつながりがあるのか？
なぜこのような工夫があるのか？

視点を定めると社会的事象がクリアに見えてきますよ！

られます。**関係的な視点**で見ていくと、「携帯電話を開発した人はどのような工夫や努力をしたのだろう？」「浮世絵は歴史上、どのような役割を果たしてきたのだろう？」等の問いが考えられます。視点があるからこそ、子どもたちはよりクリアに社会的事象を見られるようになるのです。

追究の「視点」と「問い」

「視点」	考えられる「問い」の例
地理的 位置や空間的な広がりの「視点」	○どのように広がっているのだろう？ ○なぜ、この場所に集まっているのだろう？ ○地域ごとの気候は、どのように違うのだろう？ など
歴史的 時期や時間の経過の「視点」	○いつ、どのような理由で始まったのだろう？ ○どのように変わってきたのだろう？ ○なぜ変わらずに続いているのだろう？ など
関係的 事象や人々の相互関係の「視点」	○どのような工夫や努力があるのだろう？ ○どのようなつながりがあるのだろう？ ○なぜAとBの連携が必要なのだろう？ など

澤井陽介・加藤寿朗(2017)：『見方・考え方 社会科編』.東洋館出版社.を参考に作成

同じ社会的事象でも「視点」によって「問い」も変わってきますよね。

問題解決的な学習を踏まえた授業

①単元レベルで考える

1　問題解決的な学習

「社会的な見方・考え方」を働かせながら問題解決する活動を通して、「概念的知識」を獲得することができます。では、問題解決的な学習とはどのような学習なのでしょうか。

左図が問題解決的な学習の一般的な流れとなります。大きな流れとして「つかむ」→「調べる」→「まとめる」→「いかす」という活動が考えられます。

学習者の「問い」に即して学習問題を設定し、学習計画を立てます。学習計画に基づいて主体的に追究し、学習問題の解決を探究する学習となります。このような学習問題の解決のプロセスを経て、概念的知識を獲得していくのです。

2　単元計画（「問い」の構想）

単元とは、子どもの学習過程における学習活動の一連の「まとまり」という意味です。この

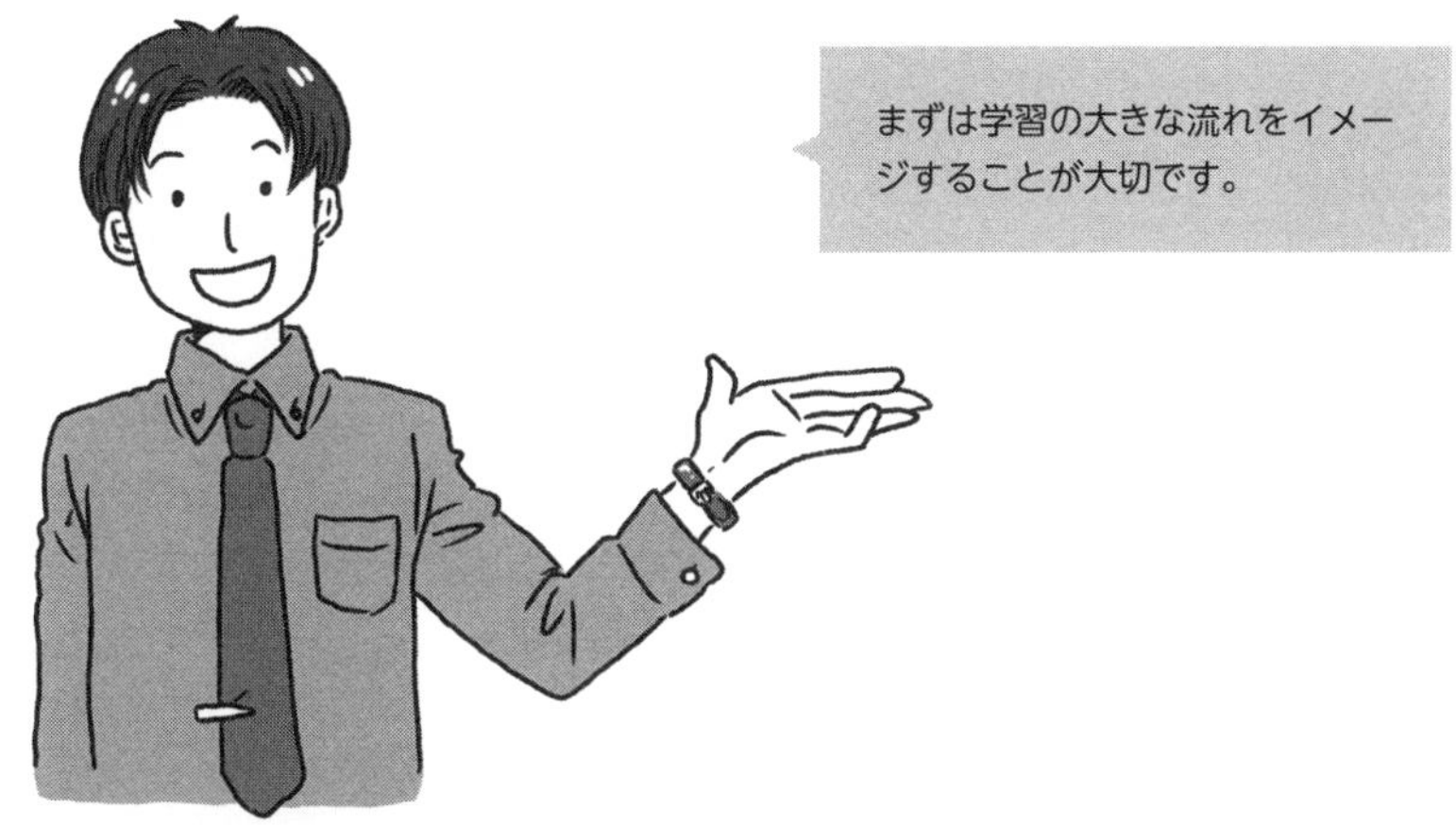

まずは学習の大きな流れをイメージすることが大切です。

問題解決的な学習の流れ

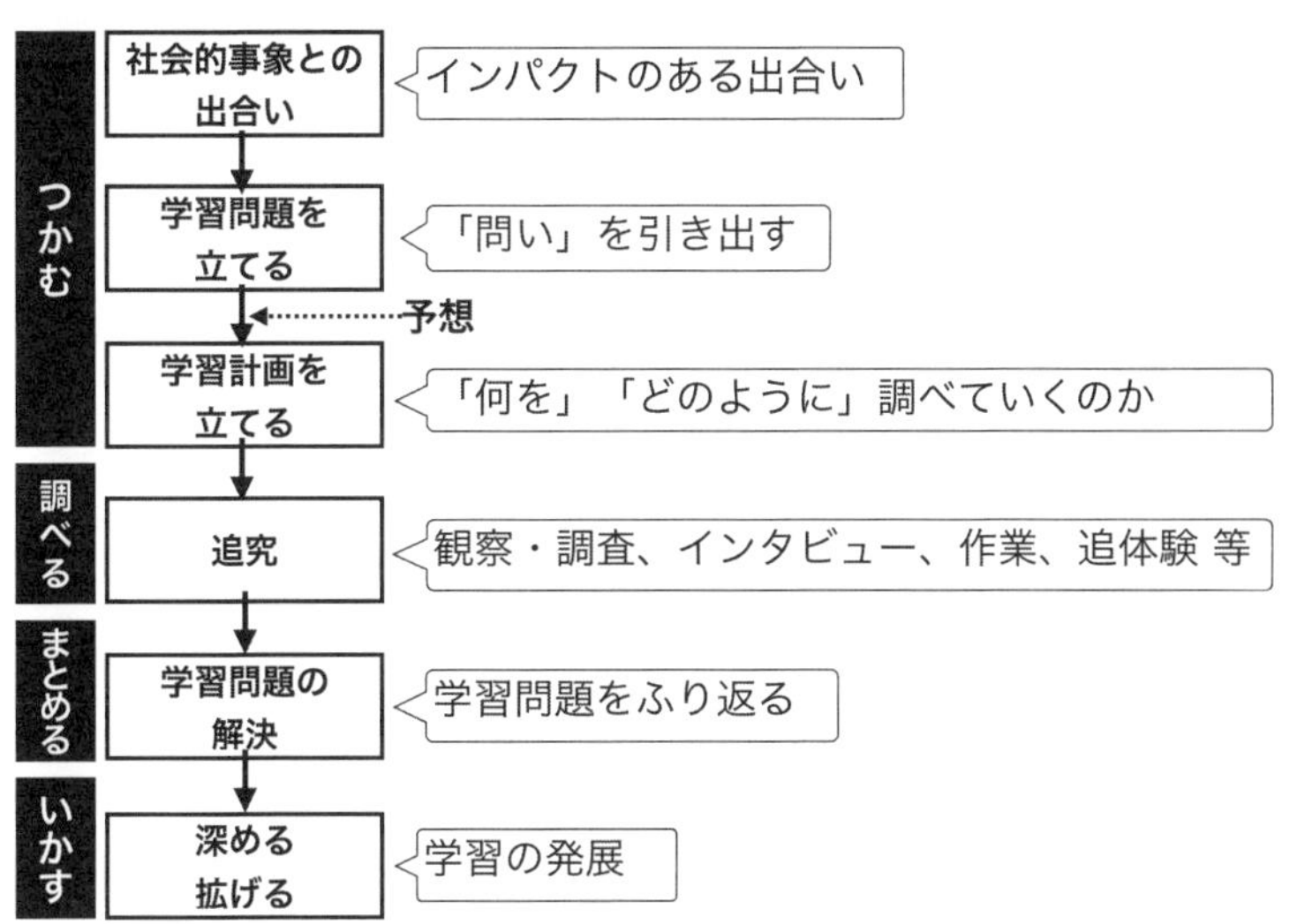

「まとまり」の中でいかに概念的知識を獲得させるかが大切になります。

単元計画の作成とは、**教師が意図やねらいをもって、この「まとまり」を適切に構想していく作業**のことです。ポイントは、**「問い」を中心に構想**していくことです。考えられる「問い」に対応してどのような「知識」を獲得できるのかを明記していきます。これができれば、子どもたちがどのような思考を通してどのような知識を構築させていくのかが目に見えるようになります。子どもの学びの地図を作成するような感覚です。

左図、3年生「安全なくらしを守る」の単元を例に挙げて説明します。この単元で獲得させたい概念的知識は、**「消防署や警察署などの関係機関は、地域の安全を守るために相互に連携して緊急時に対処する体制をとっていることや、関係機関が地域の人々と協力して火災や事故等の防止に努めていること」**です。

消防署の学習で、単元を見通し方向づける**「単元の問い」**は「消防署の人たちは、どのようにして火事から人々を守っているのだろう？」になります。その中でも「消防署の人たちは、火を早く消すためにどのようなことをしているのだろう？」（緊急の対処）と「消防署の人たちは火事を防ぐためにどのような取り組みをしているのだろう？」（未然の防止）という2つの問いに分けることができます。「単元の問い」を軸にして考え、次に各時の問いである**「本時の問い」**を考えます。例えば「消防車は、なぜ5分以内に火事現場に到着することができるのだろう？」や「火を早く消すために、どのよう

第３学年社会科「安全なくらしを守る」

【 獲得させたい概念的知識 】

★消防署や警察署などの関係機関は、地域の安全を守るために相互に連携して緊急時に対処する体制をとっていることや、関係機関が地域の人々と協力して火災や事故等の防止に努めていること

【「問い」の構想 】全⑮時間

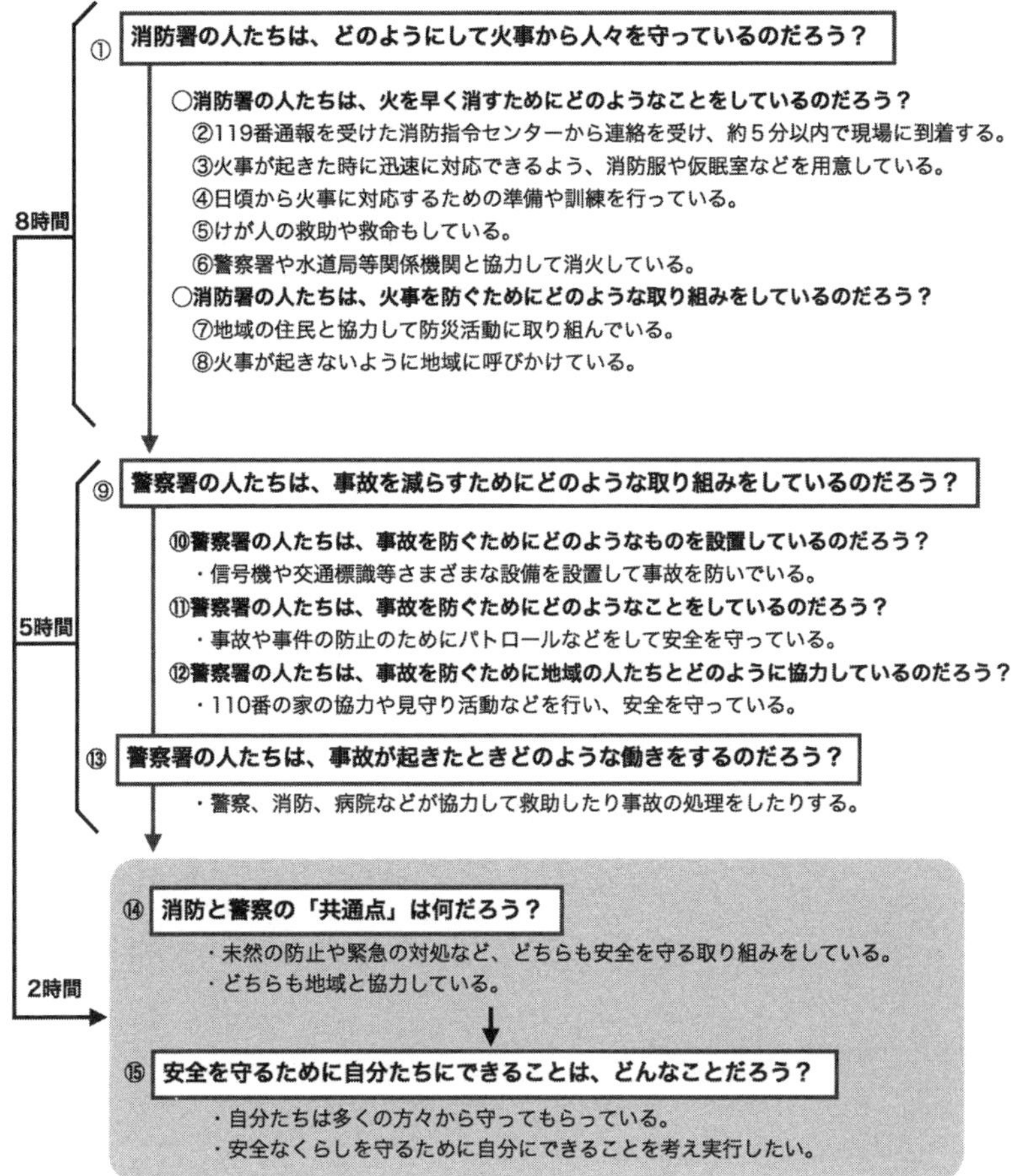

8時間
① 消防署の人たちは、どのようにして火事から人々を守っているのだろう？
○消防署の人たちは、火を早く消すためにどのようなことをしているのだろう？
②119番通報を受けた消防指令センターから連絡を受け、約５分以内で現場に到着する。
③火事が起きた時に迅速に対応できるよう、消防服や仮眠室などを用意している。
④日頃から火事に対応するための準備や訓練を行っている。
⑤けが人の救助や救命もしている。
⑥警察署や水道局等関係機関と協力して消火している。
○消防署の人たちは、火事を防ぐためにどのような取り組みをしているのだろう？
⑦地域の住民と協力して防災活動に取り組んでいる。
⑧火事が起きないように地域に呼びかけている。
5時間
⑨ 警察署の人たちは、事故を減らすためにどのような取り組みをしているのだろう？
⑩警察署の人たちは、事故を防ぐためにどのようなものを設置しているのだろう？
・信号機や交通標識等さまざまな設備を設置して事故を防いでいる。
⑪警察署の人たちは、事故を防ぐためにどのようなことをしているのだろう？
・事故や事件の防止のためにパトロールなどをして安全を守っている。
⑫警察署の人たちは、事故を防ぐために地域の人たちとどのように協力しているのだろう？
・110番の家の協力や見守り活動などを行い、安全を守っている。
⑬ 警察署の人たちは、事故が起きたときどのような働きをするのだろう？
・警察、消防、病院などが協力して救助したり事故の処理をしたりする。
2時間
⑭ 消防と警察の「共通点」は何だろう？
・未然の防止や緊急の対処など、どちらも安全を守る取り組みをしている。
・どちらも地域と協力している。
⑮ 安全を守るために自分たちにできることは、どんなことだろう？
・自分たちは多くの方々から守ってもらっている。
・安全なくらしを守るために自分にできることを考え実行したい。

な訓練をしているのだろう?」などです。それらの「問い」に対する「答え」を明記します。先の図のように**「問い」と「答え」をデザインすることで、授業者自身がその単元を俯瞰し、授業の流れをつくることができます。**（「単元の問い」や「本時の問い」の立て方は後述いたします。）

あくまでもこれは単元の授業のデザインです。実際の授業は目の前の子どもに合わせて修正・変更していくことが必要です。ただ、ここまでデザインできてはじめて、子どもの思考に合わせた柔軟な対応ができるようになるのです。

3 単元目標

単元で獲得させたい概念的知識は、学習指導要領にしっかりと明記されています。単元目標も学習指導要領から導くことができます。学習指導要領を読むのが億劫に感じる方もおられるでしょうが、読み方が分かれば簡単に読めるようになります。左図を参照にします。学習指導要領には、「学習内容」「知識」「調べ方（技能）」「見方（視点）」「考え方（思考）」が明記されています。その順番を組み替えれば学習指導要領に対応した単元目標をつくることができます。

> 「（学習内容）について、（見方）に着目して（調べ）、（思考）を通して、（知識）を理解できるようにする。」

という形になります。

学習指導要領の読み方　3年「地域の安全を守る」

学習内容

(3) 地域の安全を守る働きについて，学習の問題を追究・解決する活動を通して，次の事項を身に付けることができるよう指導する。

ア　次のような知識及び技能を身に付けること。

知識

(ア) 消防署や警察署などの関係機関は，地域の安全を守るために，相互に連携して緊急時に対処する体制をとっていることや，関係機関が地域の人々と協力して火災や事故などの防止に努めていることを理解すること。

調べ方(技能)

(イ) 見学・調査したり地図などの資料で調べたりして，まとめること。

イ　次のような思考力，判断力，表現力等を身に付けること。

見方(視点)

(ア) 施設・設備などの配置，緊急時への備えや対応などに着目して，関係機関や地域の人々の諸活動を捉え，相互の関連や従事する人々の働きを考え，表現すること。

考え方(思考)

を通して

単元目標　3年「地域の安全を守る」

第3学年 社会科「地域の安全を守る」単元目標

学習内容　見方(視点)　調べ方(技能)　考え方(思考)

地域の安全を守る働きについて、施設・設　緊急時への備えや　目して見学・調査したり資料などで調べたりして、関係機関や地域の人々の諸活動を捉え、相互の関連や従事する人々の働きを考え表現することを通して、消防署や警察署などの関係機関は、地域の安全を守るために相互に連携して緊急時に対処する体制をとっていることや、関係機関が地域の人々と協力して火災や事故等の防止に努めていることを理解できるようにする。

知識

②単元の入り口と出口

〈つかむ場面〉

単元の入り口と出口について考えてみましょう。「つかむ」場面と「まとめる」「いかす」場面にあたります。

［社会的事象との出合い］

まずは、単元の入り口である「つかむ」場面について説明します。子どもたちはまず何らかの形で社会的事象と出合います。**どのような社会的事象と出合わせるのか**が重要です。例えば、

○その後の学習の方向性が見いだせる社会的事象
○子どもの興味・関心や驚きを引き出す社会的事象
○疑問が生まれ、解決への意欲が高められる社会的事象
○単元の目標にせまることができる社会的事象
○追究する際に具体的に調べ・考えるために必要な資料が用意できる社会的事象

などが考えられます。

どのように出合わせるのかも大切です。「モノ」「エピソード」「視聴覚教材」「人」などが考えられます。これらは社会的事象の一部を切

単元の入口がよくわかりません。

問題解決的な学習の入り口と出口

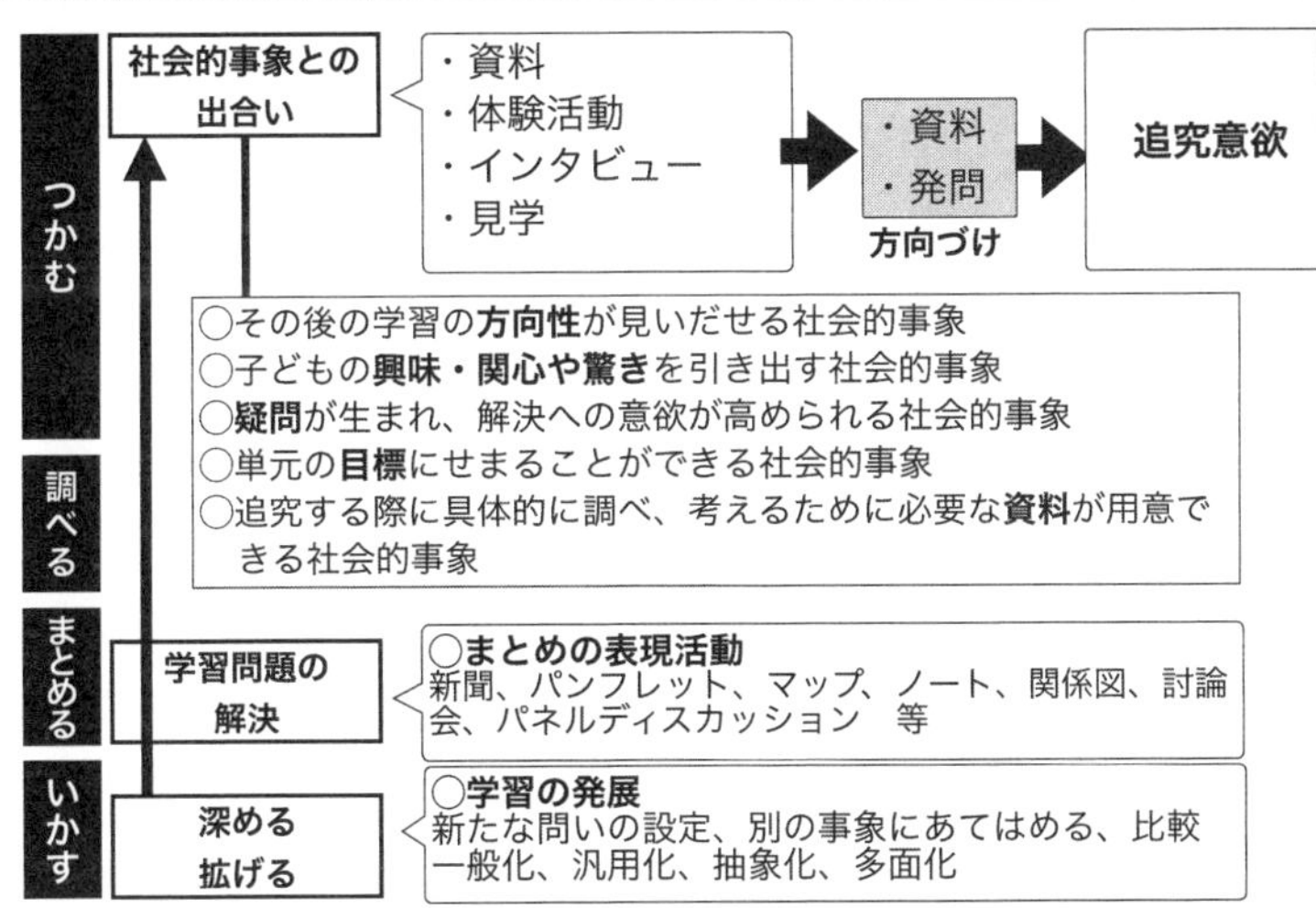

つかむ
調べる
まとめる
いかす
社会的事象との出合い
・資料
・体験活動
・インタビュー
・見学
・資料
・発問
方向づけ
追究意欲
○その後の学習の方向性が見いだせる社会的事象
○子どもの興味・関心や驚きを引き出す社会的事象
○疑問が生まれ、解決への意欲が高められる社会的事象
○単元の目標にせまることができる社会的事象
○追究する際に具体的に調べ、考えるために必要な資料が用意できる社会的事象
学習問題の解決
○まとめの表現活動
新聞、パンフレット、マップ、ノート、関係図、討論会、パネルディスカッション　等
深める拡げる
○学習の発展
新たな問いの設定、別の事象にあてはめる、比較
一般化、汎用化、抽象化、多面化

『小学校 新学習指導要領 ポイント総整理 社会』(中田正弘)を参考

どのような社会的事象とどのように出合わせるのかが重要！

り取ったものです。そこから学習意欲を高めさせ、興味、関心、疑問を引き出すことが大切です。学びに対するエネルギーは、この社会的事象との出合いによって大きく左右されます。

社会的事象と出合わせたら、まずは、子どもの生活経験や既有知識を引き出します。社会的事象への関心を引き出すと共に、社会的事象と自分の生活が無関係ではないことを意識させるためです。

単元「安全なくらしを守る」（3年）を例に説明します。まず火災の映像を見せます（火災で辛い経験をしたことがないか事前に子どもたちに確認する等の配慮が必要）。子どもたちは「怖い」「火の勢いがすごい」「すぐに燃えてしまうんだ…」と口々につぶやきます。「火事を見たことがある人はいますか？」と問います。「私の家の近くで見たことがあります。とても怖かったです」「たばこの火の消し忘れでよく火災になるということをニュースで聞いたことがあります」など、子どもたちが発言します。火災が起きて困ることを子どもたちに問い、全てが燃えてしまうことや命を失うこともあることを確認させます。火災に関する資料を見て、関心を高める段階です。

様々な社会的事象との出合わせ方がありま す。いずれにしても、ここでは子どもたちの**興味・関心を高めさせ、これから学んでいくことに対する期待感をもたせること**が大切です。

[単元の問いを立てる]

社会的事象と出合った後は、**広がった子どもたちの興味・関心を絞り、方向づけること**が大

火事について知っていることは何ですか？

・危ない　・火の勢いがすごい

・こわい　・すぐに燃えてしまう

火事を見たことがある人？

・私の家の近くで…

・この前○○の建物が…

火事になって困ることは？

・ものを失う

・命を失う

切です。絞り込み、方向づけたものが**「単元の問い」**となります。絞り込み、方向づける時のポイントが**「資料」**と**「発問」**です。ブラインドをかけた左の表を提示します。まず、既習事項である2015年の市の「人口」のブラインドを外して提示します。2007年に比べて人々が増えていることを確認させます。次に、2015年の火災発生件数と死傷者数のブラインドを外して提示します。人口が増えているので火災発生件数と死傷者数も当然増えていると予想していた子どもたちは「え、減っているんだ!?」と驚きます。「今、○○さんはどうして驚いたの?」と教師が聞きます。「だって、人数が増えているのに火事や死傷者数は減っているから、なんでだろうと思いました」と子どもが答えます。

予想と事実の「ズレ」から、子どもの中に「単元の問い」につながる疑問が生まれる瞬間です。その疑問を引き出すために、ブラインドをかけるなどの**資料の提示方法の工夫**が必要なのです。問題意識の共有を図る場面です。

ここで「なぜ火災発生件数や死傷者数が減っているのだろう?」や「火事を減らすためにどのような取り組みをしているのだろう?」を「単元の問い」にすると、子どもたちの予想が拡散しすぎます。学習を見通すことが難しくなってしまいます。そこで、予想が拡散しすぎないように**「単元の問い」の主語を確定**させます。「火事が起きた時に活躍する人はだれ?」と教師が問うと、子どもたちの多くは「消防署の人」と答えます。そこで、「消防署の人たちは、どのようにして火事から人々を守っている

	人口	火災発生件数	死傷者数
2007年	221529人	50	14
2015年	224903人		

（「消防年報」宝塚市消防本部総務課を元に作成）

	人口	火災発生件数	死傷者数
2007年	221529人	50	14
2015年	224903人	17	0

（「消防年報」宝塚市消防本部総務課を元に作成）

資料と方向付け

関心を高める

・火の勢いがすごい
・こわい
・すぐに燃えてしまう
・火事になるとものや命を失う

方向づける

	人口	火災発生件数	死傷者数
2007年	221529人	50	14
2015年	224903人	17	0

・人口が増えているのに火災件数や死傷者数は減っているんだ！？

・どのようにして減らしているのだろう？

のだろう?」という「単元の問い」を立てることができます。**主語を入れることで、子どもが着目する社会的事象が明確になります。**ここでは、「消防の仕事」について焦点があてられることになります。

[本時の問いを立てる]

「単元の問い」の次に**「本時の問い」**を立てる必要があります。ここでは子どもたちの「予想」がポイントとなります。「単元の問い」に対して子どもたちは様々な予想をします。その**予想を分類することで、調べていく計画が立ちます。**これが「本時の問い」となるのです。それでは具体的に説明します。

「単元の問い」が立てば、その単元の問いに対して「予想」をさせます。ここで子どもたちからよく出される予想は「訓練」です。その予想を受け止めつつ、予想の幅を広げさせるために「訓練以外にどのような予想ができますか?」と問います。子どもたちは「消防車ですぐにかけつける」「消防でチームを組んで消火している」等、様々に予想します。子どもたち一人ひとりが、自分が予想したものの中から一つを選び、A4用紙等に書きます。書いた用紙を黒板に並べます。ここで大切なことは、出された予想に対してその根拠や理由、疑問などを話し合う**「予想の磨き合い」**をすることです。同じような予想でも、微妙な違いに気づくことができます。また、より問題意識を高めることができます。すべて張り出された予想の用紙を子どもたちが見て、全員で話し合いながら左図のように分類していきます。「チームを組んで消火しなぜ火災件数や死傷者数が減っているのだろう？

・建物が燃えにくくなった　・みんなが予防している
・防災意識が高まった

火事を減らすためにどのような取り組みをしているのだろう？

・火災防止の啓発運動　・火災予防道具の開発

消防署の人たちはどのようにして火事から人々を守っているのだろう？

・日々の訓練・連携・消防車

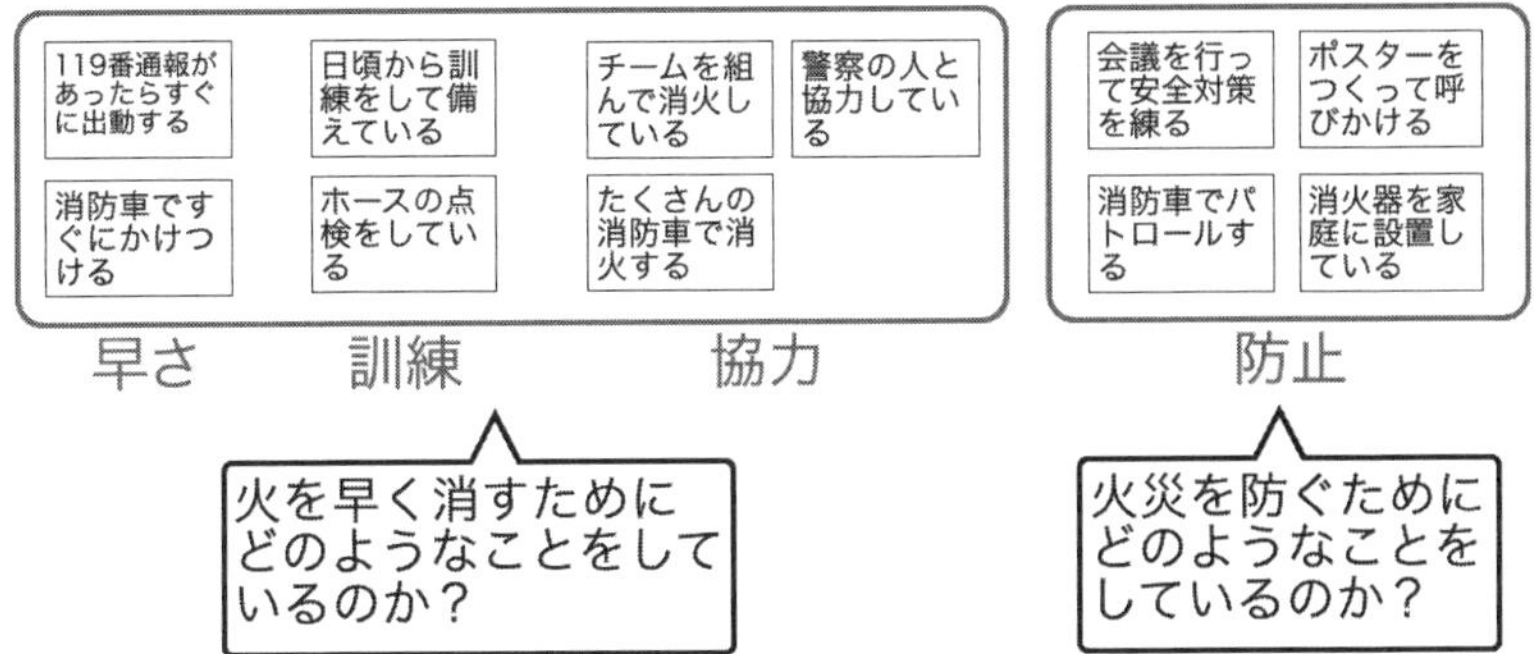

ている」「警察の人と協力している」という予想は似ているよね」「すぐに出動する」「消防車ですぐにかけつける」は「早さ」に着目した予想だよね」といった感じです。最終的に、分類した予想を一括りにまとめて名前をつけます。それが、「早さ」「訓練」「協力」「防止」などになります。これが、「本時の問い」につながります。さらに、「早さ」「訓練」「協力」は「緊急の対処」で一括りにまとめ、「防止」は「未然の防止」に大きく分けます。分類していきますが、あくまでも個人個人の予想を大切にもたせます。出された予想を分類することで、これから調べる計画（学習計画）を立てることができます。

▼「消防署の人たちは、火を早く消すためにどのようなことをしているのだろう？」（緊急の対処）

▼「消防署の人たちは、火事を防ぐためにどのような取り組みをしているのだろう？」（未然の防止）に大きく分けられます。左図のようになります。

このように、「本時の問い」を焦点化し、連続させることで、見通しがもてないと不安になる子どもも安心して授業に臨めます。子どもは問いを自分のものとして受け止めているので、その後の授業の参加意欲が高まります。また、毎時間の問いがはっきりしているので、教師も毎時間スムーズに授業に入ることができます。「単元の問い」の立て方、「本時の問い」の立て方は様々です。今回紹介した立て方は一例ですので、ぜひその他の問いの立て方を考えてみてください。

<table>
<tr><td>1時間目</td><td>単元の問い</td><td colspan="2">消防署の人たちは、どのようにして火事から人々を守っているのだろう</td></tr>
<tr><td>2時間目</td><td>本時の問い①</td><td>どのようにして火を早く消しているのだろう（早さ）</td><td rowspan="3">緊急の対処</td></tr>
<tr><td>3時間目</td><td>本時の問い②</td><td>火を消すために、どのような訓練をしているのだろう（訓練）</td></tr>
<tr><td>4時間目</td><td>本時の問い③</td><td>どのように協力して火を消しているのだろう（協力）</td></tr>
<tr><td>5時間目</td><td>本時の問い④</td><td>火事を防ぐためにどのようなことをしているのだろう（防止）</td><td>未然の防止</td></tr>
<tr><td>6時間目</td><td>単元のまとめ</td><td colspan="2">学習をまとめよう</td></tr>
</table>

〈まとめる場面〉

単元のまとめの時間です。子どもたちが自分の学びをまとめ、ふり返るための時間です。ここでは、学習問題をふり返り、達成できたのかを自己評価する場とします。また、自分の学びのプロセスと、得た知識、学び方が表現されるようにしたいものです。まとめの表現方法としては、新聞、パンフレット、マップ、ノート、関係図、討論会、パネルディスカッション等、様々な方法が考えられます。

例えば左図のようなものが考えられます。

表現方法は様々ですが、ここで大切にしたいのは、**「単元の問い」が解決できたか、「本時の問い」が解決できたか**ということです。「活動あって、学びなし」の状況に陥らないようにすることが大切です。再度、「単元の問い」と「本時の問い」を提示し、単元展開を確認します。

ある子どものまとめのノートをP50に例示します。見ていただければわかるように、「単元の問い」や「本時の問い」を意識して書いています。まとめ方は、その子によって様々です。しかし、**「単元の問い」と「本時の問い」が明確であれば、構造的なまとめができるようになります。**

単元展開をもとにまとめを書かせると、何を書けばいいのかわからないという子はなくなります。表現の仕方は異なりますが、すべての子どもがまとめを書きやすくなります。このことが、子どもにとって手応えのある学習となり、次の単元へ向かう意欲につながるのです。

単元のまとめの活動例

学年	単元	活動内容
3年生	市の様子の変化	・○○市の歴史年表（人口、交通、土地の変化も）
4年生	人々の健康を支える	・ゴミの減量などに向けたポスター・水の旅イラスト
4年生	自然災害から人々を守る	・防災マップ・家庭災害時約束表
4年生	県内の伝統文化、先人の働き	・先人の働きの４コマ漫画や紙芝居
5年生	我が国の農業や水産業における食料生産	・ルートマップ（米や魚が届くまで）
5年生	我が国の工業生産	・工業生産新聞・白地図（工業地域の分布と特徴）
5年生	我が国の産業と情報との関わり	・情報活用の関係図　・情報活用についての討論会
5年生	我が国の国土の自然環境と国民生活との関連	・チャット（琵琶湖を守る会の○○さんと鴨川を愛する会の○○さん）
6年生	我が国の政治の働き	・国会、内閣、裁判所の図解
6年生	日本の歴史	・歴史人物への手紙（児童から人物、人物から人物） ・歴史人物へのインタビュー・○○時代を４字熟語に ・歴史人物で組閣する

▶新聞、ポスター、漫画、関係図、討論会、手紙、インタビュー、図解、等

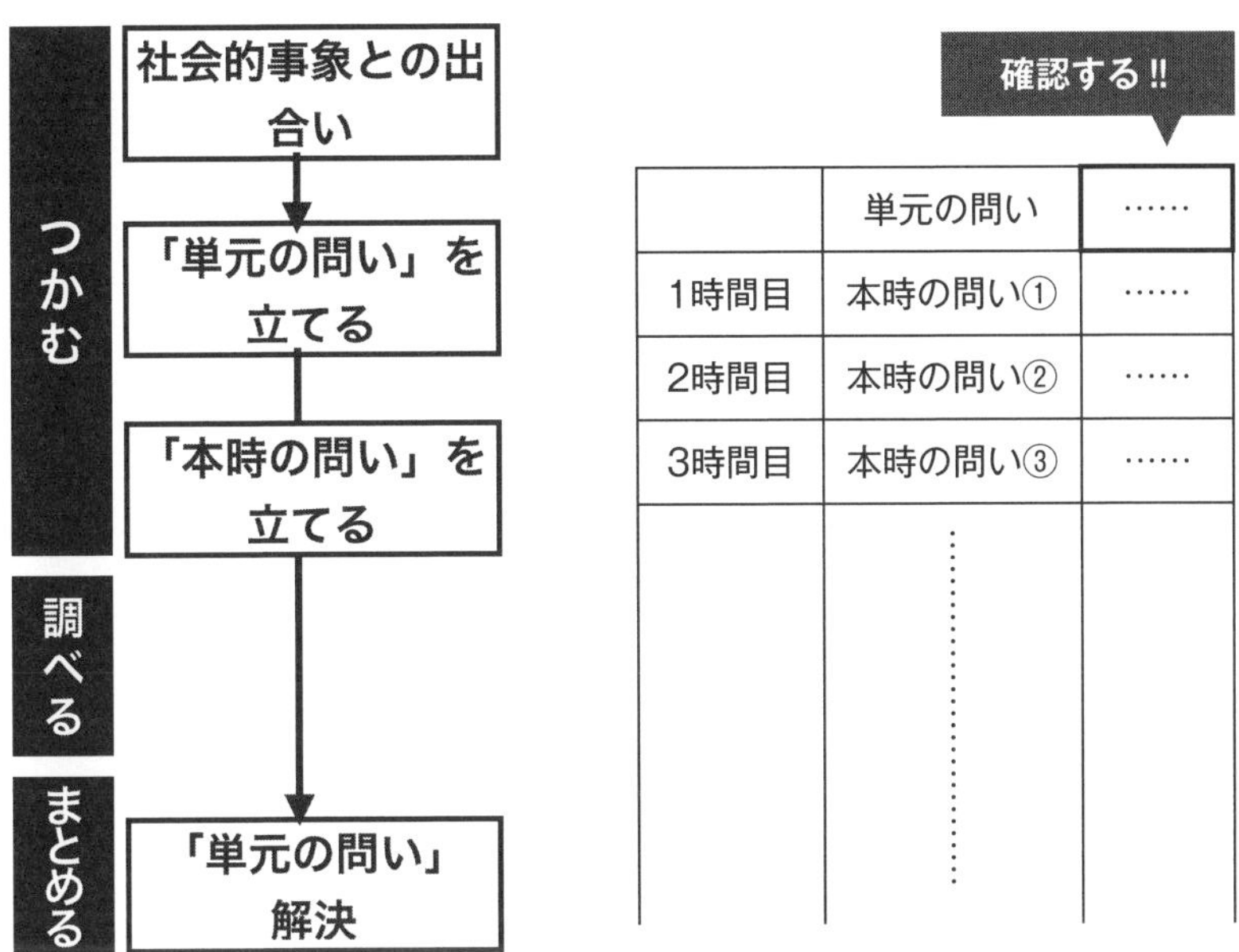

澤井陽介・中田正弘（2014）『社会科授業のつくり方』を参考に筆者作成

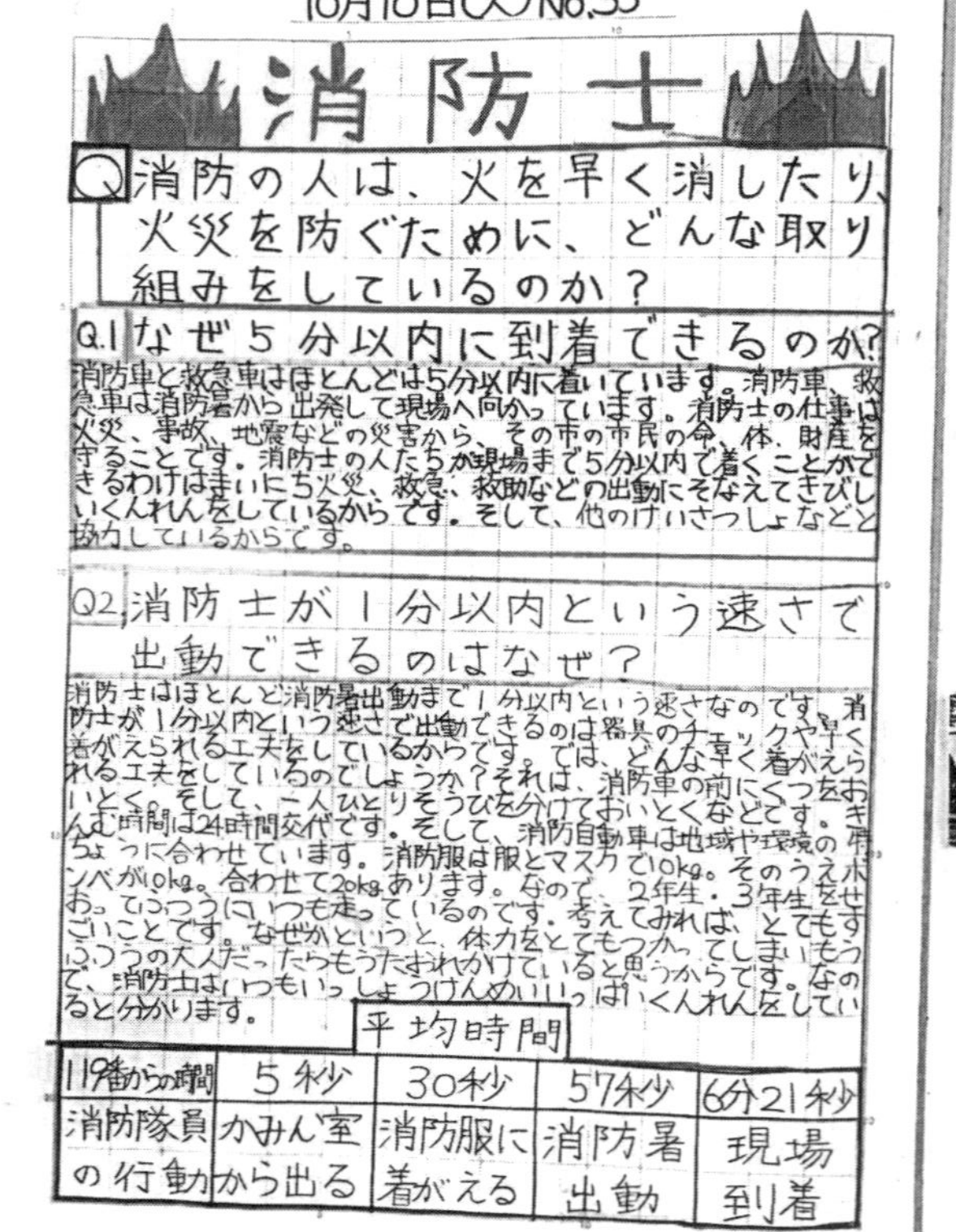

10月10日(火)No.35

消防士

Q 消防の人は、火を早く消したり、火災を防ぐために、どんな取り組みをしているのか？

Q.1 なぜ5分以内に到着できるのか？

消防車と救急車はほとんどは5分以内に着いています。消防車、救急車は消防署から出発して現場へ向かっています。消防士の仕事は火災、事故、地震などの災害から、その市の市民の命、体、財産を守ることです。消防士の人たちが現場まで5分以内で着くことができるわけはまいにち火災、救急、救助などの出動にそなえてきびしいくんれんをしているからです。そして、他のけいさつしょなどと協力しているからです。

Q2 消防士が1分以内という速さで出動できるのはなぜ？

消防士はほとんど消防署出動まで1分以内という速さなのです。消防士が1分以内という速さで出動できるのは器具のチェックや早く着がえられる工夫をしているからです。では、どんな早く着がえられる工夫をしているのでしょうか？それは、消防車の前にくつをおいとく。そして、一人ひとりそうびを分けておいとくなどです。きんむ時間は24時間交代です。そして、消防自動車は地域や環境の特ちょうに合わせています。消防服は服とマスクで10kg。そのうえボンベが10kg。合わせて20kgあります。なので、2年生・3年生をせおってふつうにいつも走っているのです。考えてみれば、とてもすごいことです。なぜかというと、体力をとてもつかってしまいもうふつうの大人だったらもうたおれかけていると思うからです。なので、消防士はいつもいっしょうけんめいいっぱいくんれんをしていると分かります。

平均時間

119番からの時間	5秒	30秒	57秒	6分21秒
消防隊員の行動	かみん室から出る	消防服に着がえる	消防暑出動	現場到着

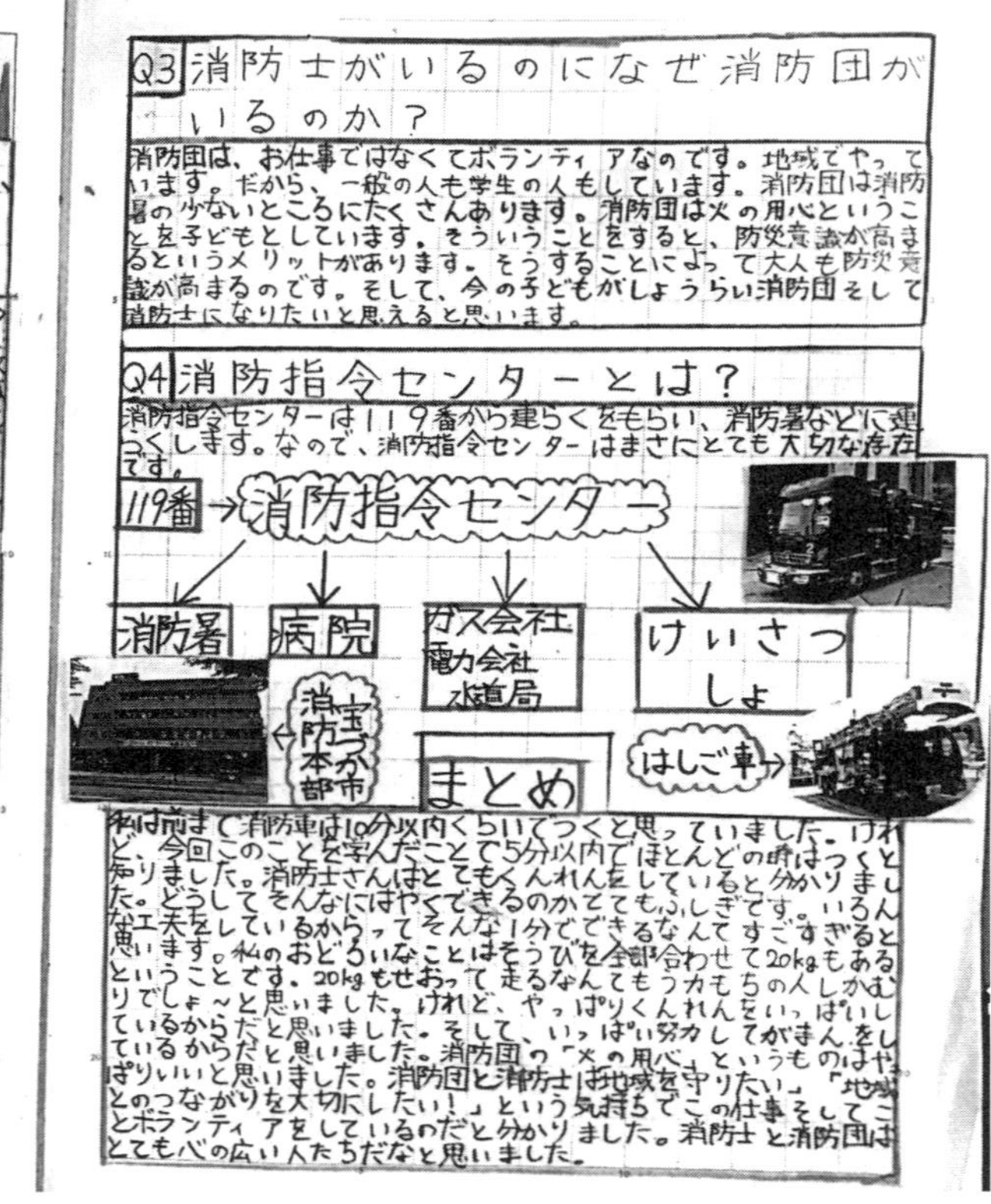

Q3 消防士がいるのになぜ消防団がいるのか？

消防団は、お仕事ではなくてボランティアなのです。地域でやっています。だから、一般の人も学生の人もしています。消防団は消防暑の少ないところにたくさんあります。消防団は火の用心ということを子どもとしています。そういうことをすると、防災意識が高まるというメリットがあります。そうすることによって大人も防災意識が高まるのです。そして、今の子どもがしょうらい消防団そして消防士になりたいと思えると思います。

Q4 消防指令センターとは？

消防指令センターは119番から連らくをもらい、消防暑などに連らくします。なので、消防指令センターはまさにとても大切な存在です。

まとめ

私は前まで消防車は10分以内くらいでつくと思っていました。けれど、今回このことを学んだことで5分以内でほとんどの時はつくと知りました。消防士さんはとてもくんれんをしていると分かりました。どうしてそんなにはやくできるのかとてもふしぎです。いろんな工夫をしているからってそんな1分でできるなんてすごすぎると思います。私のおどろいたことはそうびを全部合わせて20kgもあるということです。20kgもせおって走るなんてもう力もちの人しかむりでしょ～と思いました。けれど、やっぱりくんれんをいっぱいしているからだと思いました。そして、いっぱい努力してがまんをしているからだと思いました。消防団の「火の用心」というものはやっぱりいいと思いました。消防団と消防士は「地域を守りたい」「地域とのつながりを大切にしたい！」という気持ちでこの仕事そしてこのボランティアをしているのだと分かりました。消防士と消防団はとても心の広い人たちだなと思いました。

〈いかす場面〉

まとめをいかして、さらなる学習の発展が期待できます。例えば、**一般化を図ったり、選択・判断をさせたりする方法**です。私は、この「いかす場面」が非常に重要だと感じています。これがあるのとないのとでは、学びも大きく変わります。

今回の単元「地域の安全を守る」では、一般化を図ります。そのために消防と警察の事例を学習した後に比較させます。消防の仕事と警察の仕事を**比較させることで、相違点と共通点が見えてきます。**仕事内容は違いますが、どちらも協力して地域の安全を守ったり、命にかかわる仕事をしたりしているということは同じです。

それらのことを子どもたちが話し合うことで、整理していくのです。「比較」については、第3章から詳しく説明していますので、そちらをご参照ください。

また、選択・判断させることで、自分たちの生活との関わりを関連づけて考えさせることも大切です。この選択・判断は、単元の中での概念的知識の積み上げ方の違いによって質も変わってきます。

ちなみに、小学校学習指導要領（平成29年告示）解説社会編には、次のように明記されています。

小学校社会科における「思考力、判断

力」は、社会的事象の特色や相互の関連、意味を多角的に考える力、社会に見られる課題を把握して、その解決に向けて、学習したことを基に、社会への関わり方を選択・判断する力である。

「思考力、判断力」を育成するために、「選択・判断」する活動は欠かせません。小学校学習指導要領（平成29年告示）解説社会編の中に、「選択・判断」するべき場面は明記されています。それをP54の表に整理しました。

どこで選択・判断させるべきか捉えておく必要があります。5、6年生に比べて、3、4年生に選択・判断する場面が多いのは、**地域社会における身近な社会的事象なので、社会への関わり方も考えやすい**からです。

一方、表を見ていただければわかるように、5、6年生になると、「多角的に考える」となっています。学習対象が広く、テーマが大きくなるので、選択・判断しづらくなってくるからです。

「多角的に考える」ということは、それぞれの立場から考えるということです。「多角的」に考えさせるポイントは**「主語」を明確にすること**です。「生産者は…」「農民は…」「消費者は…」「武士は…」「情報を発信する側は…」等です。立場で考えさせるのですから当たり前と言えば当たり前です。

小学校学習指導要領の中では「多面的」という言葉は出てきません。しかし、多角的に考えれば自ずと多面的に事象を見るようになります。「多角的」「多面的」とあまり言葉にこだわ

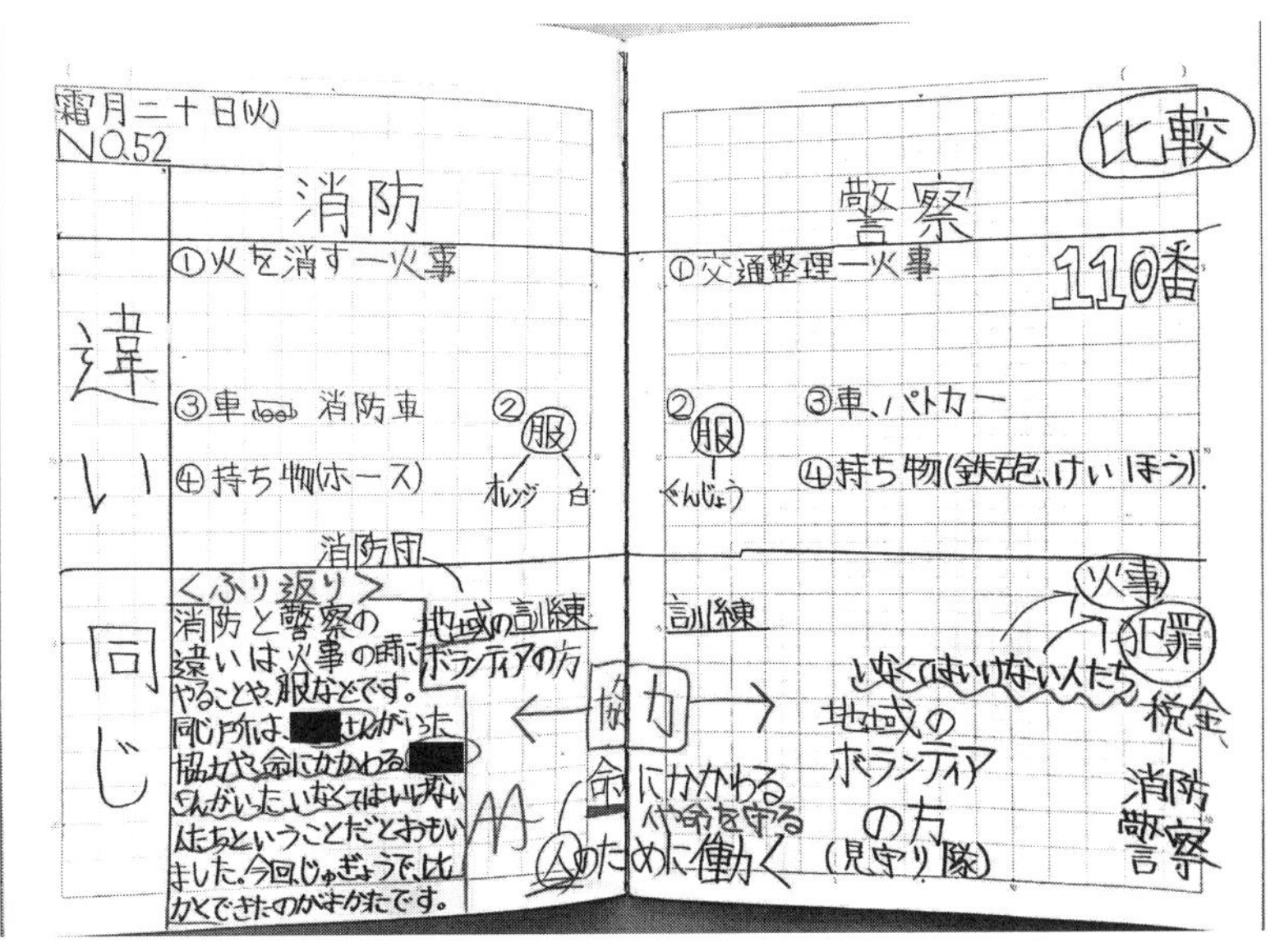
霜月二十日(火)
NO.52
消防
違い
①火を消す―火事
③車 消防車
②服
オレンジ
白
④持ち物(ホース)
消防団
同じ
<ふり返り>
消防と警察の違いは火事の時にやることや服などです。同じ所は、さんがいった協力や命にかかわるさんがいったいなくてはいけない人たちということだとおもいました。今回じゅぎょうで、比かくできたのがよかったです。
地域の訓練
ボランティアの方
比較
警察
①交通整理―火事
110番
②服
ぐんじょう
③車、パトカー
④持ち物(鉄砲、けいほう)
訓練
火事
犯罪
いなくてはいけない人たち
税金
消防
警察
協力
命にかかわる
人や命を守る
人のために働く
地域のボランティアの方
(見守り隊)

選択・判断する、多角的に考える場面

学年	単元	選択・判断する内容　多角的に考える内容
3年生	地域の安全を守る	地域や自分自身の安全を守るために自分達にできることなどを考えたり**選択・判断**したり
4年生	人々の健康や生活環境を支える事業	ゴミの減量や水を汚さない工夫など、自分たちにできることを考えたり**選択・判断**したり
4年生	自然災害から人々を守る活動	地域で起こり得る災害を想定し、日頃から必要な備えをするなど、自分にできることなどを考えたり**選択・判断**したり
4年生	県内の伝統文化、先人の働き	地域の伝統や文化の保存や継承に関わって、自分達にできることなどを考えたり**選択・判断**したり
5年生	我が国の農業や水産業における食料生産	消費者や生産者の立場などから**多角的**に考えて、これからの農業などの発展について自分の考えをまとめる
5年生	我が国の工業生産	消費者や生産者の立場などから**多角的**に考えて、これからの工業の発展について自分の考えをまとめる
5年生	我が国の産業と情報との関わり	産業と国民の立場から**多角的**に考えて、情報化の進展に伴う産業の発展や公民生活の向上について、自分の考えをまとめる（情報化社会のよさや課題も）
5年生	我が国の国土の自然環境と国民生活との関連	国土の環境保全について、自分たちにできることなどを考えたり**選択・判断**したり
6年生	我が国の政治の働き	国民としての政治への関わり方について**多角的**に考えて、自分の考えをまとめる
6年生	グローバル化する世界と日本の役割	世界の人々と共に生きていくために大切なことや、今後、我が国が国際社会において果たすべき役割などを**多角的**に考えたり**選択・判断**したり

りすぎない方がいいように思います。

大切なのは、多角的であろうが、多面的であろうが**社会的事象がもつ多様な側面を多様な角度やいろいろな立場から捉えさせることで、より質の高い概念的知識を獲得させること**です。

③本時レベルで考える

1　単元は本時の積み重ね

単元レベルで考えることの重要性を説明しました。しかし、そもそも単元は本時の積み重ねで成り立っています。そう考えると、本時の授業をいかにデザインして、いかに知識を獲得し、積み上げていくかということが大切です。ここでは、1時間の授業の組み立てのポイントを説明していきます。

2　ねらいの焦点化

「社会科の学習内容は曖昧」「何を教えたらいいのかわからない」これらは、多くの教師が抱

本時の積み重ね

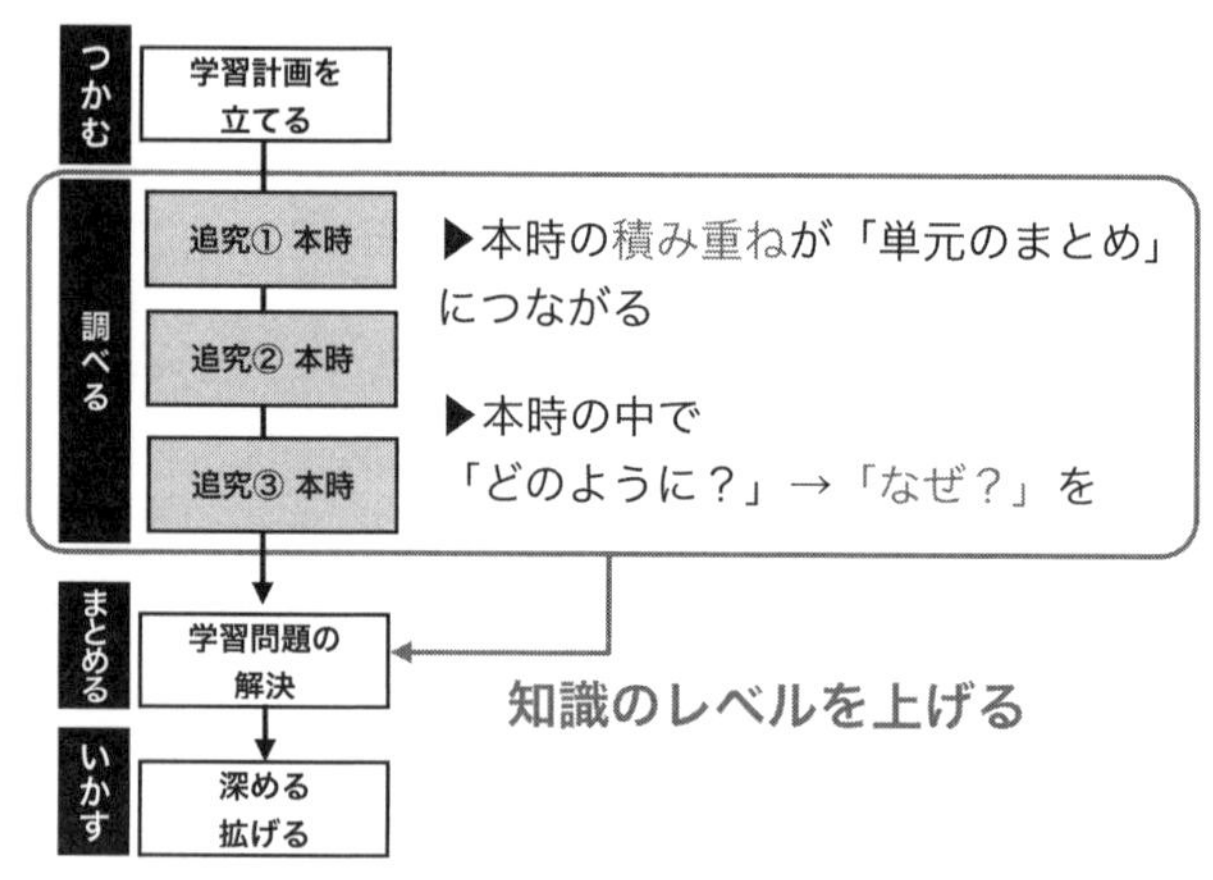

えている社会科授業に対する困難さです。「社会科は何を学んでいるのかわからない」「内容が難しすぎる」これらは多くの子どもが抱えている社会科授業に対する困難さです。つまり、社会科授業に対する教師と子どもの抱える困難さは似ていると捉えることができます。

焦点化とは、**学習内容や問いを明確かつ具体的にすること**です。焦点化することで、教師は何をどのように教えればいいのかがはっきりします。また、子どもたちも何を学んでいるのかがわかりやすくなります。焦点化することは、教師や子どもがもつ困難さを解消するための第一歩だと考えられます。

〈学習内容の焦点化〉

学習内容の焦点化は、**ねらいを絞りこみ、具体的にすること**です。ねらいが抽象的であれば、子どもたちは何を学んだのかがわからなくなります。そこで、授業の最後に子どもがどのような言葉を発言したり、書いたりできればよいのかを考えます。それが本時のねらいとなります。つまり、**授業のゴールを子どもの発言レベルで想定しておくこと**が大切なのです。

例を挙げます。３年生の「事故や事件からくらしを守る」の学習です。

> ①警察署の人は、人々の安全を守るために、様々な工夫をしている。
> ②例えば、暗くなる夕方にパトロールをしている。

①は**概念的知識**で、②は**具体例**です。①の概

念的知識は本時で全員に獲得させたい知識です。つまり、その授業のゴールです。②は概念的知識を説明する具体例です。これは子どもによって表現する内容が変わってきます。

以上のような内容を教師が予め想定しておくことで、本時のねらいが明確になり、曖昧な授業になることを防ぐことができます。また、ゴールが明確に示されているので、そのゴールに至るまでのプロセスもシンプルな形となります。

①②に続いて、主語を子ども自身にして〈ふり返り〉を書かせる方法もあります。例えば、

「③私は、警察の人たちがわたしたちの安全を守っていることがよくわかりました。他にもきっとたくさんの活動をしてくれていると思うので、自分で調べてみたいと思います」

などです。この〈ふり返り〉には子どもの解釈や思いが表れます。毎回の授業で繰り返し書かせることで、子どもたちの豊かな言葉が綴られるようになってきます。〈ふり返り〉の詳細についてはP72をご参照ください。授業を設計する際、まずは**教師が子どもになったつもりでまとめやふり返りの言葉を考え、実際に書くこと**が大切です。このように、学習内容を焦点化するからこそ、学習中や学習後に教師が正しく評価ができるようになるのです。

3 「なぜ」を問う

社会科は暗記教科だとよく言われます。思考場面がなく、ただ教科書を読むだけの授業を経験した方も多いのではないでしょうか。教科書の中には「なぜ？」を問う場面が見つからない

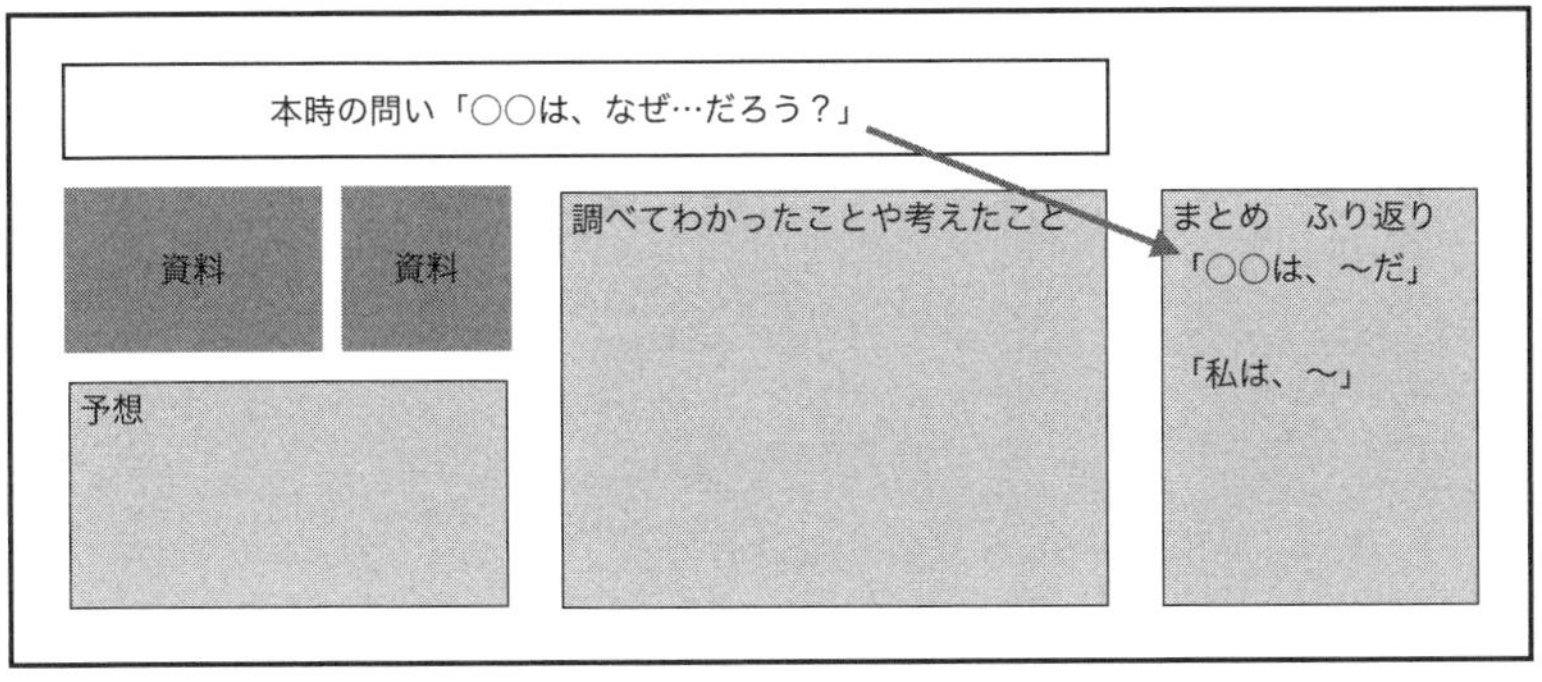

「発問」の類型	獲得できる知識	知識のレベル	
When Where Who What How	事実的知識	知る	見える
Why	概念的知識	わかる	見えない
Which	価値的・判断的知識	関わる	

ことがあります。そこで、１時間の授業を組み立てる時に、意図的に「なぜ？」の発問を入れるようにします。

Ｐ59の表のように「いつ」「どこで」「だれが」「何を」「どのように」等の発問で獲得する知識は目に見える事実的知識です。「なぜ」の発問で概念的知識を獲得することができるのです。

もちろん、いきなり「なぜ」と発問しても難しいです。目に見える事実的知識を積み重ねてから「なぜ」を考えさせるのが現実的です。

社会科は、一言で言えば「見えないもの」を見えるようにする教科だと言えます。子どもたちが社会的事象の見えない意味や特色を見出すことができる本質的な社会科授業にするためには、「なぜ」という「問い」は欠かせません。

１時間の授業を組み立てる時に、このことを意識するだけで授業も大きく変化します。

4 「予想」を大切にする

本時の中で、子どもたちが予想する場面をつくることも非常に重要です。なぜならば、**予想は子どもたちの学習意欲を高め、これまでの学習や生活経験で習得した知識を活用できるからです。**日常的に行う習得と活用の思考だと言えます。そこにはそれぞれの子どもの個性や個別的な特徴があり、より豊かな思考につながるのです。また、何となくぼやっと頭に浮かんでいたものを、予想の思考を通すことで、具体的なものにすることができます。つまり、予想をすることで社会的事象をより身近にし、問題解決に向けて動き出す第一歩となるのです。

村田辰明氏（２０１３）は、『「〜と思いますか』とたずねられたら、正解にこだわらずに自分が思ったこと、つまり予想を自由に言っていいことにします」「事実を問う前に予想場面を設けて子どもの自由な考えを引き出すことは、みんなが安心して発言できる雰囲気をつくることであり、共有化の第一歩です」「できるだけ早い時期に、具体的場面で『〜と思いますか』の意味について、子どもと共通理解しておきます」と述べています。予想させること、予想ができる状態にしておくことは、学級経営を考える上でも重要なことなのです。

問いが生じれば、子どもたちは自然と予想をはじめます。質の高い問いを設けることが、子どもたちの予想する姿勢を育てるポイントとなるのです。

「予想」することの意味

学習意欲を高める	子どもの「確かめたい！」という気持ちを引き出し、問題意識も高めることができる。予想することは主体的学習のスタートとも言える。
既習知識を引き出す	既習の知識を使って思考することができる。習得したことを活用する手軽にできる方法が予想することだと言える。それぞれの子どもがもつ生活経験を引き出すことができる。そこにはそれぞれの子どもの個性や個別的な特徴があり、より豊かな思考につながる。学びをつなげる意識がはたらく。
考えを具体化する	なんとなくぼやっと頭に浮かんでいたものを、予想の思考を通すことで、具体的なものにする。
論点を明確にする	それぞれの予想にズレがあるから「問い」が生まれ、話し合い活動につながる。
学習計画を立てる	学習問題に対する予想をすることで、これから調べようとする計画を立てることができる。
学びを深める	まとめの時に予想と事実のズレや違いに着目することで、自分の学びの深まりを自覚することができる。

④資料の提示

社会科授業において、資料は欠かせません。どのような資料を選択し、どのように資料を提示していくのかを考える必要があります。また、資料の見せ方を工夫するだけで、授業の展開も大きく変わってきます。

資料の見せ方の工夫として、

①かくす　②止める　③アップにする・ルーズにする　④並べる・比べる
⑤ダウトをつくる

などが考えられます。資料の見せ方を工夫することで子どもたちに問いをもたせ、授業のねらいに迫らせることができます。いくつか例を挙げて説明していきます。

〈かくす〉

5年生「寒い地域のくらし」の学習です。写真の下の部分を隠した資料を提示します。隠すと子どもたちは何が隠れているのか気になり、自ずと「何があるのだろう?」「何をしているのだろう?」と疑問に思います。子どもたちは「雪かきかな?」等と口々に答えます。しかし実際には、ただの雪かきではありません。何をしているところかを予想をさせた後、隠している部分を見せ、雪の下に隠れていたキャベツを

掘り出していたことを理解させます。そこから、「なぜ雪の下にキャベツを置いているのだろう?」という「問い」を引き出すことができます。

表やグラフを隠すことも効果的です。4年生「ごみはどこへ」の学習で、左図のようにグラフの一部を隠します。その後変化を予想させます。「人口はきっと増えるから、当然ゴミの量も増えていくだろうな」と多くの子どもが予想します。その後、隠していた部分を見せます。人口は増えていますが、ごみの量は減っています。自分たちが予想していたことと資料の事実のズレから、「人口は増えているのにもかかわらず、なぜごみの量は減っているのだろう?」という問いを引き出すことができます。

〈止める〉

様々な事象について理解を深めるために動画は非常に有効です。「NHK for School」などにはよくできた動画が多数あります。しかし、ただ見るだけでは説明的になります。また、子どもたちの集中が続かず、何となく眺めているだけの子も出てきます。特に5分以上の長時間の動画になればなるほどです。そこで、途中で動画を止めて続きを考えさせるようにします。例えば左にある漁法に関わる動画を見せます。漁法について、動画に合わせてナレーターが話を進めています。「網揚げの時に2隻の船の船首(鼻っつら)をくっつけるので「はなつぎ網漁」と呼ばれています。」という所で動画を止め、「動画では2隻の船で漁をしていま

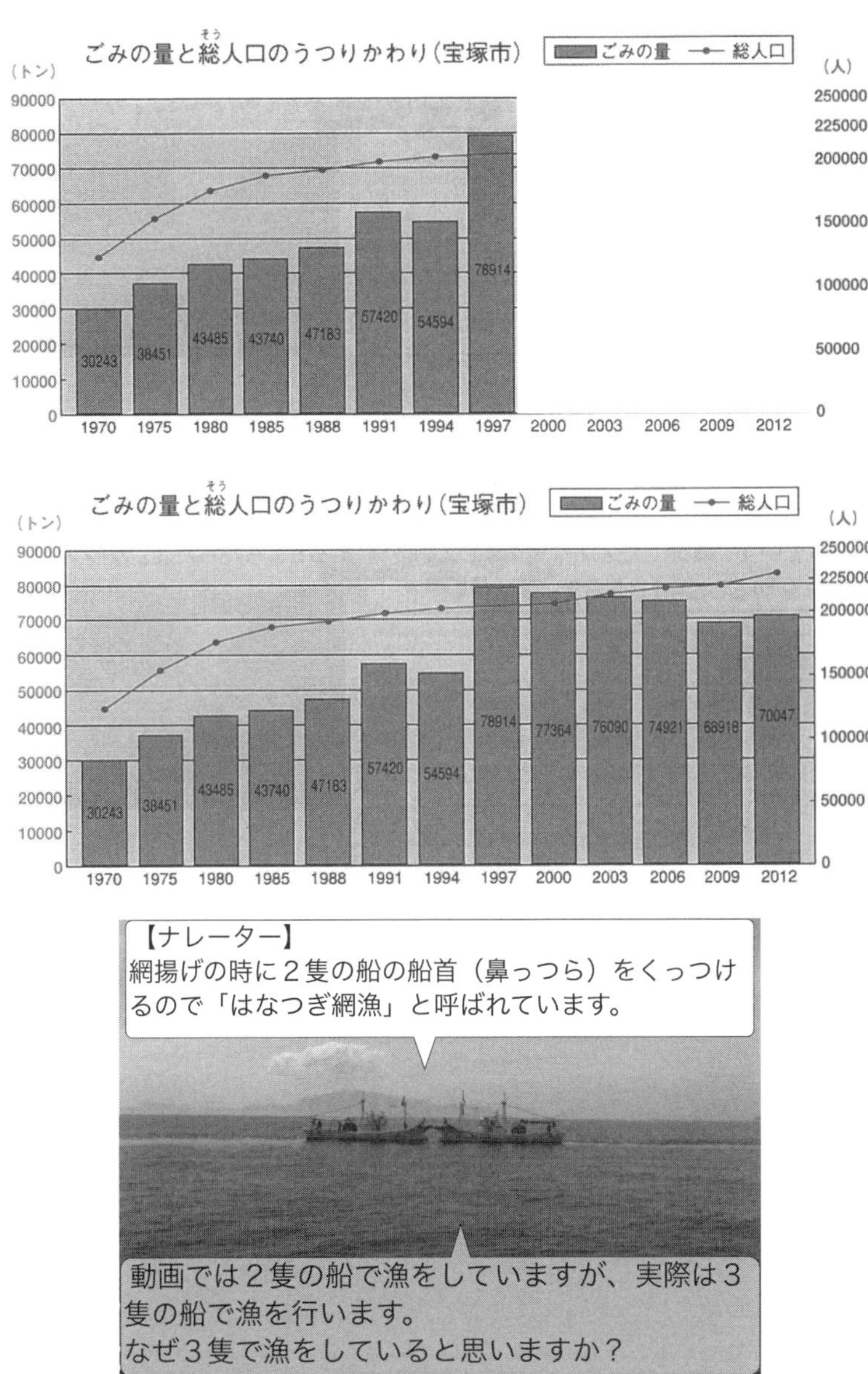
ごみの量と総人口のうつりかわり（宝塚市）
ごみの量
総人口
（トン）
（人）
90000
80000
70000
60000
50000
40000
30000
20000
10000
0
250000
225000
200000
150000
100000
50000
0
30243
38451
43485
43740
47183
57420
54594
78914
1970
1975
1980
1985
1988
1991
1994
1997
2000
2003
2006
2009
2012
ごみの量と総人口のうつりかわり（宝塚市）
ごみの量
総人口
（トン）
（人）
30243
38451
43485
43740
47183
57420
54594
78914
77364
76090
74921
68918
70047
【ナレーター】
網揚げの時に２隻の船の船首（鼻っつら）をくっつけるので「はなつぎ網漁」と呼ばれています。
動画では２隻の船で漁をしていますが、実際は３隻の船で漁を行います。
なぜ３隻で漁をしていると思いますか？

すが、実際は3隻の船で漁を行います。なぜ3隻で漁をしていると思いますか？」と子どもたちに問います。子どもたちは予想をはじめます。動画を流しているだけではただの説明に終わってしまいますが、このように動画を止めることで考える場面が生じるのです。

〈アップにする〉

6年生「縄文のむらから古墳のくにへ」の学習です。どの教科書にも、縄文人の生活の様子を描いた想像図が掲載されています。その図の全体をはじめに見せるのではなく、ある一部をアップにして見せます。「何をしている縄文人でしょう？」と問い、図を見せます。子どもたちは「うさぎをつかまえている」「弓をもっているな」「狩りで獲物をつかまえたのかな？」等とつぶやきます。その他、数点の縄文人のアップを見せていきます。「この他にどんなことをしている縄文人がいると思いますか？」と問い、子どもたちに自由に予想をさせます。その後、「では、この資料の中から、予想と同じようなことをしている人がいるか、探してみましょう」と問い、想像図を見せます。縄文人の「行動」に焦点を当てて予想していたので、資料を見る視点が明確になり、子どもたちは探しやすくなります。最初から全体の想像図を見せると、視点が絞られていないので子どもたちはどこを見たらいいのか分からなくなります。まずは思考するべき箇所を絞ってから、他に視点を広げさせるようにするのです。

同じく6年生「武士による政治のはじまり」です。ここではよく、「貴族のやしき」と「武

士のやかた」の絵図を比べて違いを見つけさせます。「何か気づいたことはありますか？」や「どこが違いますか？」など子どもたちに問いかけることが考えられます。しかし、大まかすぎて、図のどこを見たらよいのかがわからない子が想定されます。そこで、絵図の「人」をアップで提示し、「この人を探しなさい」と指示します。アップで指定されているので探しやすくなり、「○○を探す」というゲーム的要素から子どもたちは楽しんで活動できます。その他、それぞれの屋根をアップで見せ、どちらが貴族の邸でどちらが武士の館なのかを考えさせます。このように部分を見せることで、お互いの違いを明確に捉えさせていく方法です。部分を見せることで、徐々に全体の特徴を見つけられるようにしています。左のAとBを同時に提示し、どちらのくらしにいる（ある）のか選ばせるような活動もよいでしょう。

〈並べる・比べる〉

3年生「地域の安全を守る」の学習を例に説明します。P71にあるように信号機を並べて提示します。A「赤　黄　青」B「青　黄　赤」です。「あれ、右が赤だったかな？青だったかな…？」「いつも見ているはずなのに…」と、子どもたちは迷います。正解はBです。「日本の横型信号機は、なぜすべて右側が赤色だと思いますか？」と問います。子どもたちは考えます。運転手から見えやすいように、運転席と同じ右側に赤色が配置され、歩道側からの障害物があっても右側の赤色は見えやすいように配置されています。

また、横断歩道もAとBを並べて提示します。

貴族のくらし
武士のくらし
A
B

「どちらが正しい横断歩道でしょう？」と問います。信号機と同様、これも子どもたちは見ているようで見ていません。答えはBです。1992年にAのはしご型からBのゼブラ型に変更されました。「なぜ横断歩道のデザインがAからBに変わったと思いますか？」と問います。Bの方は横の線がないので、雨が降った時に中側に水がたまることがありません。水によるスリップが少なくなります。「これらに共通していることは何だと思いますか？」と問います。子どもたちは、「すべて事故を防ぐために工夫されている」「どれも安全を守るための工夫がある」等、総合させて答えます。資料を並べてそれぞれの共通点を考えさせることで、より抽象度の高い概念的知識を獲得することができます。

左図の海津市と嬬恋村の標高差と平均気温の図やグラフも同じです。平均気温のグラフを出すだけでなく、土地の標高差がわかる図も並べて提示します。そうすることで、気候と地形、2つの資料を関連づけて考えることができるのです。

教師が用意する資料だけでなく、教科書にも魅力的な資料が豊富に掲載されています。その**資料の見せ方**をどのように工夫するかで授業は大きく変わります。

資料の見せ方の工夫は、あくまでもその**授業のねらいにたどりつくよう、社会的な見方・考え方を働かせた問題解決につながらなければなりません。**ただ何の目的もなく資料の一部を隠したりアップにしたりすることがないよう気を付ける必要があります。

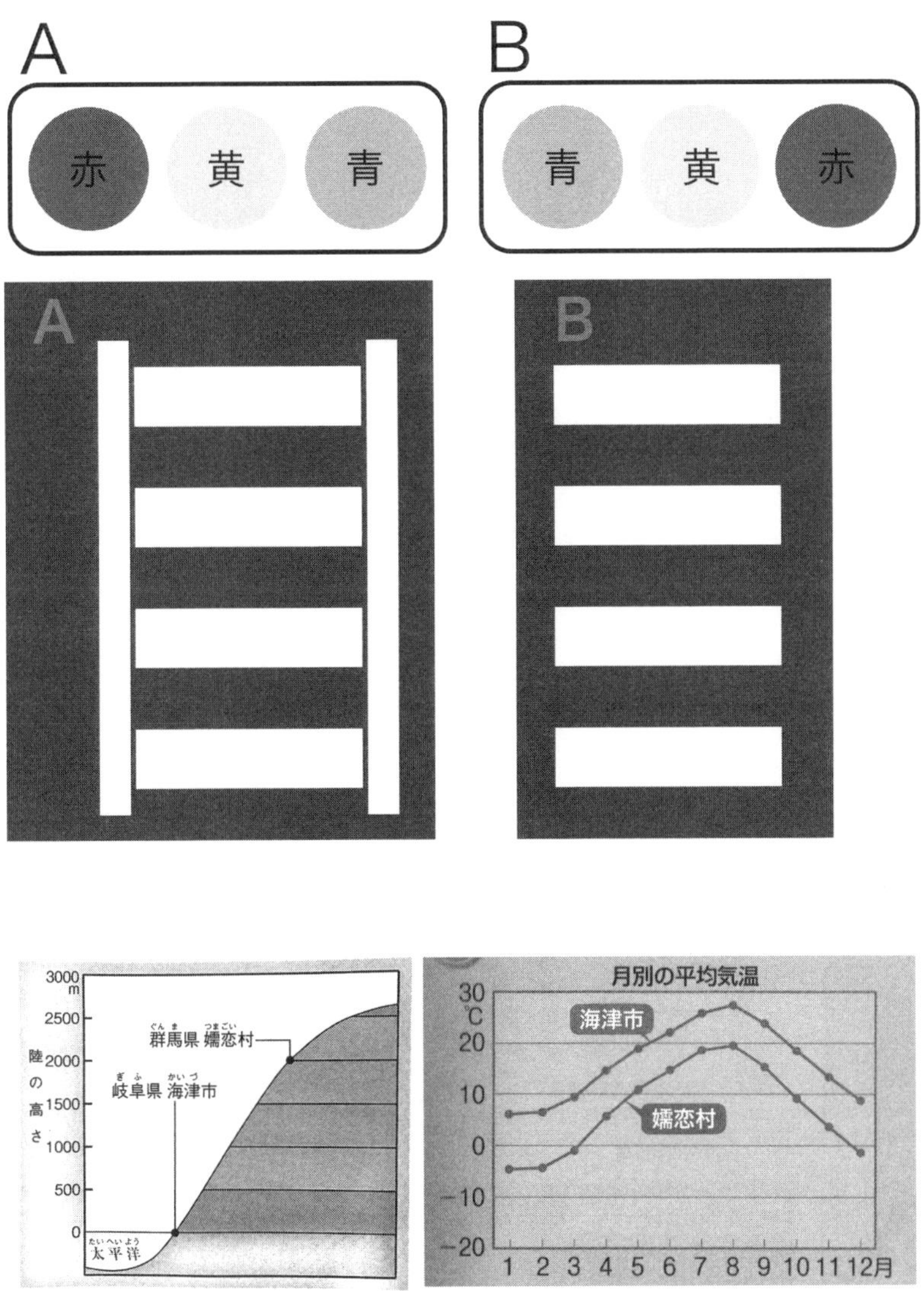
A
赤
黄
青
B
青
黄
赤
A
B
3000
m
2500
2000
1500
1000
500
0
陸の高さ
群馬県 嬬恋村
岐阜県 海津市
太平洋
月別の平均気温
30
℃
20
10
0
−10
−20
海津市
嬬恋村
1 2 3 4 5 6 7 8 9 10 11 12月

⑤ふり返り

1時間の授業の最後には「まとめ」を書く活動が多くなると考えられます。私は、**「〈ふり返り〉＝『まとめ』＋α」**という形で捉えています。「まとめ」と〈ふり返り〉の違いを明確にし、それぞれの目的や書き方について説明していきます。

〈なぜ「まとめ」をするのか？〉

学びを確認し、定着させるためです。本時の問いに対する答えを導き出し、学習内容を確認する時間とも言えます。本時の問いが「農家のAさんは、どのようにして〜?」だとすれば、まとめの文は「農家のAさんは、〜だ」という風になります。つまり、**主語が「農家のAさん」となり、本時の問いと対応して答えること**になります。

〈なぜ「ふり返り」なのか？〉

「まとめ」に対して〈ふり返り〉は、**自分自身の解釈や思い、自分の学び方**等について書きます。つまり、自分自身に対するふり返りなので、**主語は自分自身、「私は〜」**となります。〈ふり返り〉を書かせる目的を次に述べていきます。

まとめとふり返りの違い

	まとめ	ふり返り
目的	▶学びを確認し、定着させる	▶学びを深め、学びに「つながり」をもたせる ▶変容(成長)を自覚させる
書き方	▶本時の問いに対する答えを書く ▶主語は「問い」と対応 「農家のAさんは〜。」 「織田信長は〜。」	▶自分自身の解釈や思い、学び方等について書く ▶主語は学習者 「私は〜。」

本時のまとめ

「まとめ」

▶学びを確認し、定着させる。
▶本時の問いに対する答えを導き出し、学習内容を確認する。

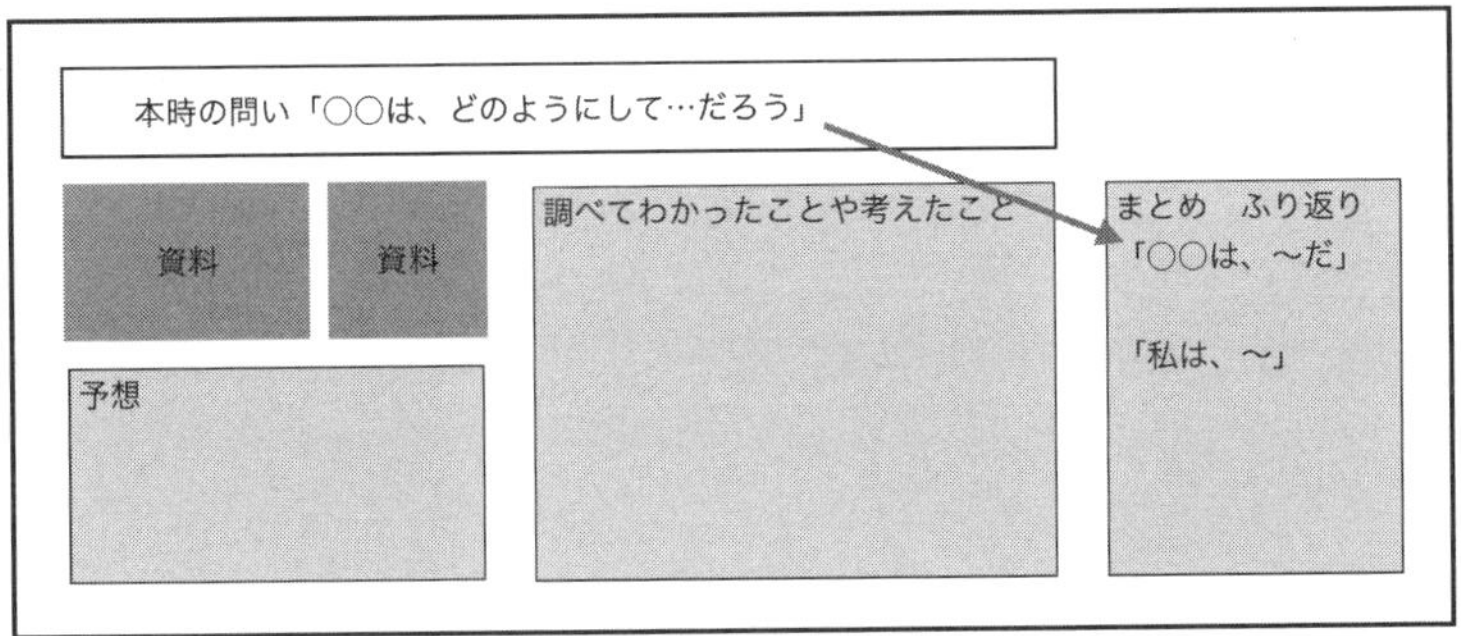

本時の問いの主語とまとめの文の主語は対応する

①学びを深めるため

どのように問題解決をしたのか、思考方法や知識の活用、コミュニケーションの方法などについて、反省的に思考させることができます。また、客観的に学びを見つめ直し、自分自身で学びを整理させることができます。つまり、**立ち止まり、熟考することで、学びを深める**ことができるのです。

②学びに「つながり」をもたせるため

新たに得た知識と既有知識をつなげたり、友だちの考えを自分の学びとつなげたりすることで知識が構造化され、知識の質や認識を高めることができます。**学びの幅が広がり、協同的に学習したことを実感**することができます。

③自分の変容（成長）を自覚させるため

客観的に自分の学びをみつめ、どのように学び、どのように自分が変化したのか自覚させることができます。学習内容の獲得だけではなく、**「思考法」や「追究法」など、学び方を確認し、自らの学び方を更新する**ことができます。また、新たな「問い」の創出を意識させることで、**主体的、向上的に学ぼうとする意欲**にもつながります。

〈ふり返りに何を書くのか？〉

子どもたちが〈ふり返り〉を書きはじめる時、「何を書いたらいいのか分かりません」「どう書いたらいいのですか？」という声も聞こえてきます。そこで、ふり返りに書く内容の視点を提示し、それを参考に書かせるようにしています。

なるほど～。
「まとめ」と〈ふり返り〉は違うのですね。

なぜ〈ふり返り〉なのか

①学びを深めるため

・どのように問題解決をしたのか、反省的に思考させる。
・客観的に学びを見つめ直し、子ども自身で学びを整理させる。
▶立ち止まり、熟考することで、学びが深まる。

②学びに「つながり」をもたせるため

・新たに得た知識と既有知識をつなげる。
・友だちの考えを自分の学びとつなげる。
▶知識が構造化される。協同的に学習したことが実感できる。

③自分の変容(成長)を自覚させるため

・どのように学び、どのように自分が変化したのか自覚させる。
・学習内容の獲得だけではなく、「思考法」や「追究法」の獲得を確認させる。
▶自らの学び方を更新し、主体的・向上的に学ぼうとする意欲につながる。

〈ふり返り〉の主語は「私」です。
そしてこの観点を念頭に置いてみて下さい。

左図がふり返りに書く内容の視点です。まとめ＋α（私は～）で提示します。

子どものノートの一例を紹介します。

Ｐ78の４年生の子のノートは、既習事項とつなげて考え、人が生み出すモノに対する愛情を表現しています。６年生の子のノートは、歴史の見方を現在の見方と重ねて見ることができています。

このような捉え方は、その子独自の捉え方です。**その子らしさが十分に表れるのも〈ふり返り〉**なのです。「書く」というよりも、「綴る」という感じです。**子どもたちの豊かさがにじみ出る所**でもあります。

また、本時の〈ふり返り〉だけではなく、単元の〈ふり返り〉や年間の〈ふり返り〉等、長いスパンでの学びを意識させたいものです。長いスパンで考えることを通して、**自分の文脈の中で学びを再構成し、自分自身で学びをデザインできる子を育てたい**からです。自分でデザインできる学びこそ、豊かな学びと言えるのではないでしょうか。そのために、教師は、何を、何のために、いつ、どのようにふり返らせるのか、計画的に考えていく必要があります。

〈ふり返り〉に書くべき内容の視点（例）

「まとめ」＋「私は～」

①**価値判断**「～したらいいと思う」「一番大切なのは～だ」
②**意志決定**「～なのでこれから～したい」
③**変化(成長)のきっかけ**
「〇〇さんの～という意見で私の考えが～に変わった」
④**一番の学び**「今日の一番の学びは～だった。理由は～」
⑤**感動**「～に感動した。その理由は～」
⑥**新たな問い**
「～は分かったけど～の場合はどうなのだろう？」
⑦**解釈**「～と解釈している」
⑧**仮定**「もし～なら～だろう」
⑨**納得・実感**「～はなるほどと思う」「本当に～だと感じた」
⑩**発見**「～だということに新たに気づいた」

〈ふり返り〉を書く際の留意点

※どのように探究的・協同的に学んだのかを意識する。
※どのように自分が変化（成長）したのかを意識する。
※学んだ内容だけでなく、学び方についても意識する。
※「つながり」を意識させるためにクラスの子の固有名詞が明記されるようにする。
※慣れないうちは「今日は『変化のきっかけ』を必ず入れて〈ふり返り〉を書きます」と指示して書かせてもよい。
※最終的には、①～⑩のいずれかを自分で意識して書けるようにする。

4年生

〈ふり返り〉
姫路のマッチ生産は、瀬戸内海の
雨がふりにくいという気候条件を
生かして生産している。
生産なども土地の形や　自然条件
自然条件を利用してしていると分
かりました。そういうのは、前の
じゅぎょうで勉強したかじゅ園な
どは土地を利用しているというの
とにているなぁと思いました。
名定さんはすごくマッチは大切な
物であり、自分の家族のようにせ
っしているんじゃないかなぁと思
いました。人ですね

ものを「自分の家族のように」と
捉える所がこの子らしさですね。

６年生

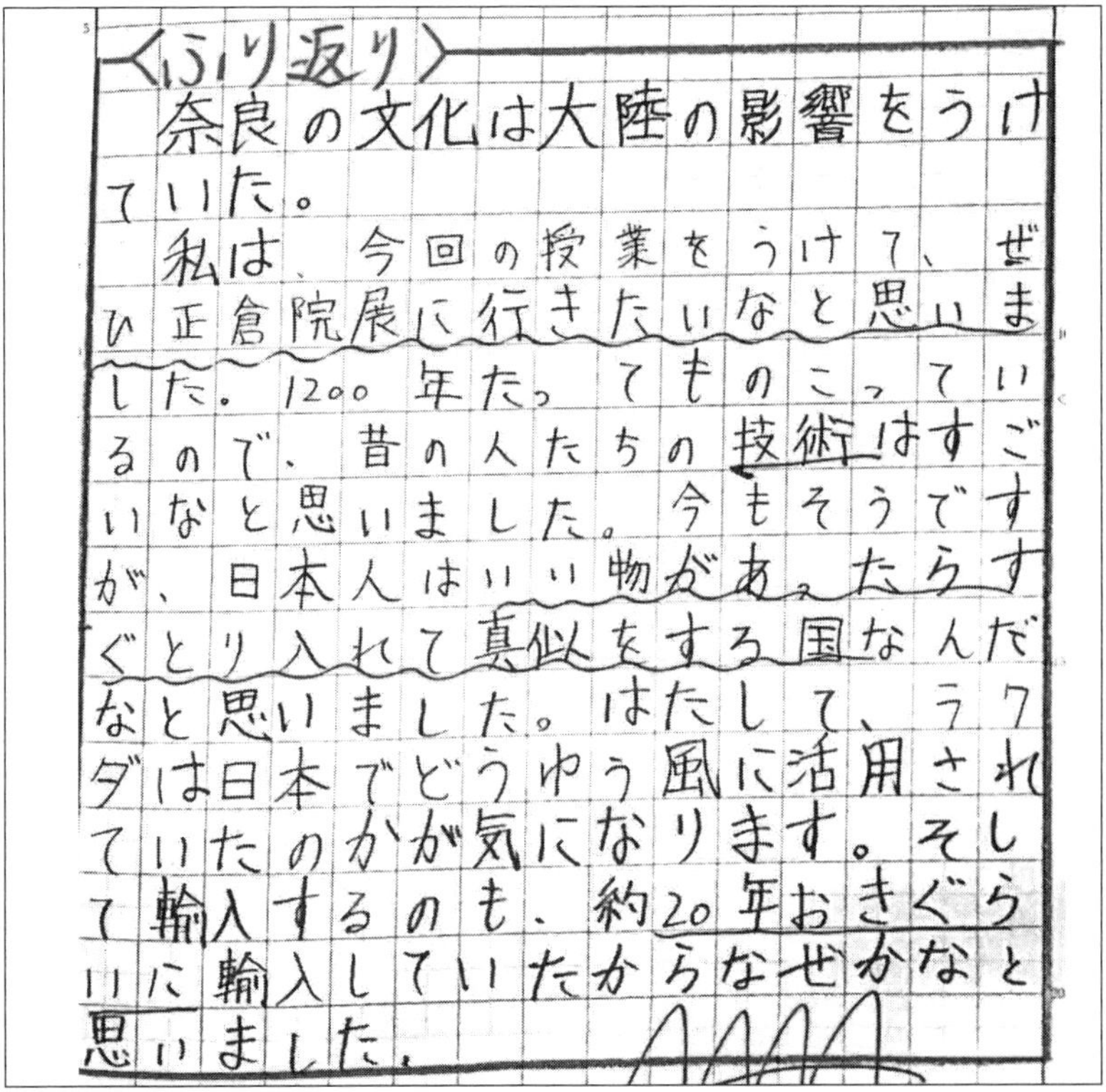

〈ふり返り〉

奈良の文化は大陸の影響をうけていた。

私は、今回の授業をうけて、ぜひ正倉院展に行きたいなと思いました。1200年たってものこっているので、昔の人たちの技術はすごいなと思いました。今もそうですが、日本人はいい物があったらすぐとり入れて真似をする国なんだなと思いました。はたして、ラクダは日本でどうゆう風に活用されていたのかが気になります。そして輸入するのも、約20年おきぐらいに輸入していたからなぜかなと思いました。

歴史で学習した見方と、現在の見方を重ねていますね。

「つながり」を意識する授業

「つながり」には、様々な関係が考えられます。子どもたちと社会の「つながり」や子どもたちと教材との「つながり」、子どもたち同士の「つながり」などです。

「つながる」という感覚は、人に喜びと充足感を与えます。子どもたちは、物事をつなげて考えたり、友だちとの考えのつながりを意識したりすることで、見方や考え方をより豊かにすることができます。まずは教師が社会科授業における「つながり」を意識することを大切にしたいものです。

縦の軸と横の軸

学習内容の「つながり」について、「縦の軸」と「横の軸」をそれぞれ説明していきます。「縦の軸」とは、学年をわたって一貫している軸のことで、**学年間のつながり**のことです。「横の軸」とは、単元をわたって一貫している軸のことで、**単元間のつながり**のことです。得た知識をつなげさせるためには、この2つの軸を意識しておく必要があります。軸は「テーマ」とも言い換えることができます。

単元間・教科間

学年間

テーマ（社会問題等）

「環境問題」「生態系保護」「防犯」「防災」
「自然災害」「人口減少・少子化」「人権問題」
「グローバル化」「貧困」「働き方」「財政問題」
「持続可能性」「輸出入など経済」「過疎化」
「食料自給率・ロス」「高齢社会・高齢化」
「ジェンダー」「インフラ老朽化」「地球温暖化」

①縦の軸

まず、「縦の軸」です。例えば、４年生の「ごみのゆくえ」の学習で、廃棄物の適切な処理の仕方を学習します。５年生の「自然環境を守る」学習では、水質保全や森林保全などについて学習します。つまり「環境」というテーマをもってつなげて学習することができないかを考えます。学年をまたいで学習することで知識をより厚みのあるものにすることができます。

学年をまたいでつなげさせるためには、社会科の学習内容全体を俯瞰して捉えることが必要です。ただ、このように全体を俯瞰して捉えることは簡単ではありません。それぞれの学年でどのような学習内容があるのかを把握しておかなければいけません。すべての学年を経験しなければわからないこともあり、容易なことではありません。そこで、次のような**「小学校社会科全単元表」**を用意しておいてはいかがでしょうか。簡単なものでかまいません。それだけでも全体を見渡すことができます。例えば、４年生の「自然災害から人々を守る活動」と5年生の「自然災害を防ぐ」に赤丸をつけて、線で結びます。「この単元のこの内容とこの単元のこの内容はつなげることができそうだな」というものを結んでいきます。それぞれの「つながり」が可視化されて意識しやすくなります。

「少しの意識」をもつだけでいいと思います。

小学校社会科全単元表

実施月	3年生(70時間)
4,5,6	身近な地域や市の様子(18)
6,7	わたしたちのくらしと農家の仕事(12)
9,10	わたしたちのくらしと販売の仕事(10)
11,12	火事や事故から地域の安全を守る(14)
1,2,3	市の様子の移り変わり(16)

実施月	4年生(90時間)
4	県の様子(10)
5,6	水はどこから(10)
6,7	ごみの処理と利用(10)
9,10	自然災害から人々を守る活動(10)
10,11	伝統文化を今に伝える(10)
11,12	郷土の発展に尽くす(10)
1,2,3	県内の特色あるくらし(30)

実施月	5年生（100時間)
4	世界の中の我が国の国土(7)
5	我が国の地形や気候の概要(3)
5	地形や気候から見て特色のある地域(14)
6	くらしを支える食料生産の概要(6)
7	米づくりのさかんな地域(8)
9	水産業のさかんな地域(8)
10	日本の工業生産と工業地域の特色(6)
10,11	自動車をつくる土業(8)
11	工業生産を支える貿易や運輸(7)
12	放送などの産業とわたしたちのくらし(7)
1	我が国の産業と情報との関わり(7)
1,2	自然災害を防ぐ(8)
2	わたしたちの生括と森林(5)
3	環境を守るわたしたち(6)

実施月	6年生(105時間)
4	日本国憲法とわたしたちの生活(10)
5	わたしたちの願いを実現する政治(8)
6	縄文のむらから古墳のくにへ(7)
6,7	天皇中心の国づくり(6)
7	貴族のくらし(5)
9	武士の世の中へ(6)
9	今に受け継がれる室町の文化(6)
10	3人の武将と天下統一(6)
10	江戸幕府と政治の安定(6)
11	町人の文化と新しい学問(6)
11	明治の国づくりを進めた人々(6)
12	世界に歩み出した日本(6)
12	長く続いた戦争と人々のくらし(6)
1	戦後の新しい日本(6)
2	日本とつながりの深い国々(7)
3	世界の課題と日本の役割(8)

その「少しの意識」が経験を積むにつれてつながっていくようになるのです。**長いスパンで子どもたちの見方や知識を養おうとする教師の眼**が確実に育ちます。

②横の軸

続いて、「横の軸」です。5年生を事例に挙げます。例えば農業、水産業、林業等の学習で問題になっているのは「高齢化問題」です。持続的に産業活動を続けられるように、それぞれの学習で様々な取り組みがされています。高齢化問題を解決する方策の一つとして農業のスマート化を学習した後は、「きっと水産業でもスマート化されていることがあるぞ」と予想しながら学習することができます。実際に同じ事例を扱うことで、「高齢化問題」に対する見方が強化されます。このように、**単元間のつながりを意識することで、子どもが知識を適用する場面が多くなる**のです。

子どもが得た知識を他の場面でも適用できるようにするために、教師がまずそのつながりを把握しておく必要があります。「環境問題」「自然災害」「人口減少・少子化」「グローバル化」「貧困」「働き方」「持続可能性」「財政問題」「輸出入など経済」「食料自給率・ロス」「ジェンダー」「高齢社会・高齢化」等、テーマとしてつなげることができる社会問題はたくさんあります。細切れの社会科にするのではなく、**より大きな視野をもって学習を組織することで、子どもたちのもつ見方も幅広くなる**のです。

また、理科で学んだ「流水の働き」と社会科で学ぶ「自然災害を防ぐ」の学習をつなげて考えることができます。国語で学んだ「新聞のまとめ方」を社会科のまとめの時間にいかすこともできます。算数科で学んだ「グラフの読み取り方」を社会科の資料の読み取りにいかすこともできます。他教科で学んだ内容や方法を社会科にいかすのです。もちろん、逆も然りです。

教科横断的に学ぶ視点は、カリキュラム・マネジメントが叫ばれるこれからの学校教育の中で、より重要になってくるでしょう。「縦の軸」や「横の軸」を意識した教材についてはＰ１７８で説明しています。ご参照下さい。

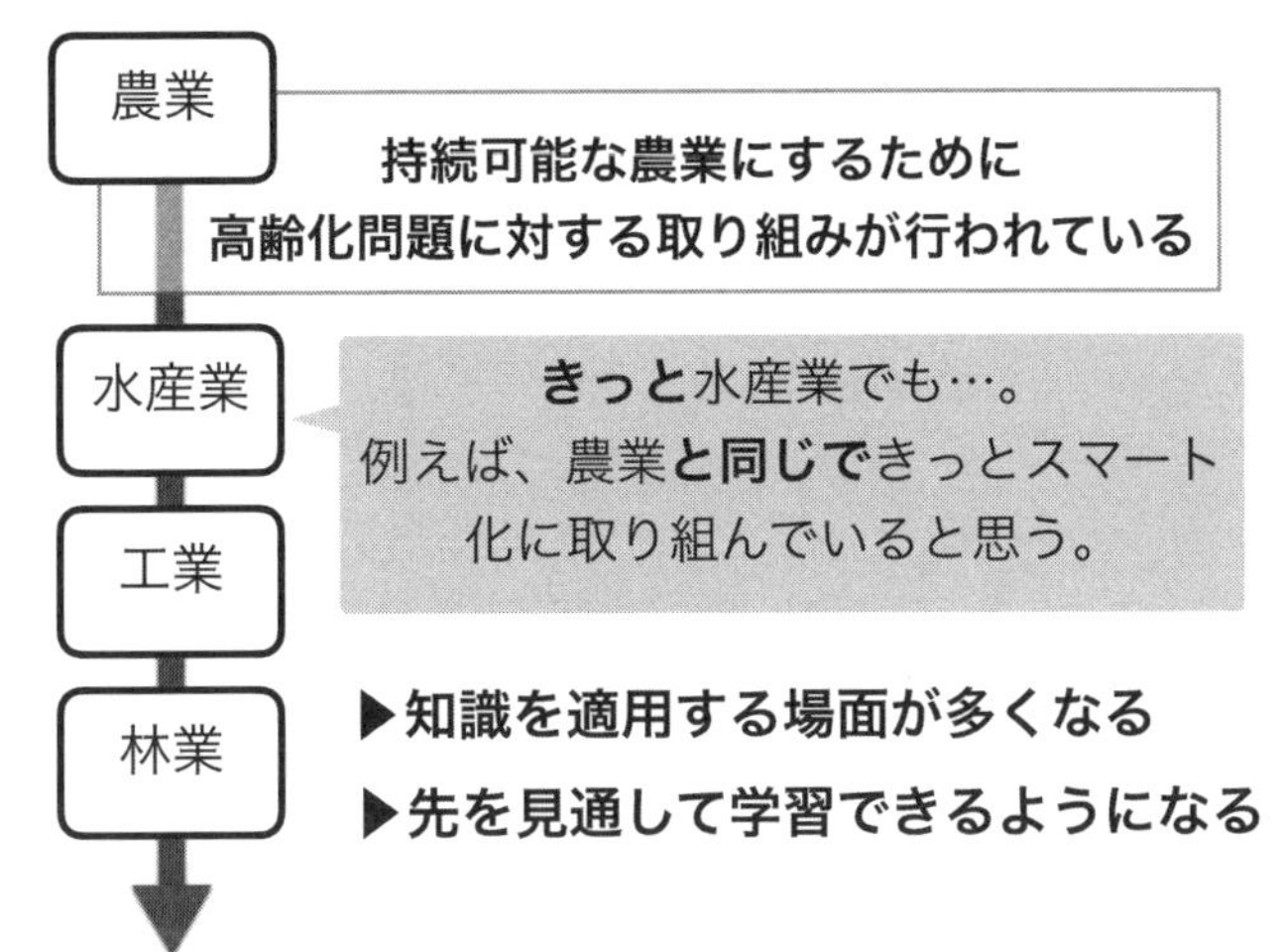
単元間のつながりを意識
農業
持続可能な農業にするために
高齢化問題に対する取り組みが行われている
水産業
きっと水産業でも…。
例えば、農業と同じできっとスマート
化に取り組んでいると思う。
工業
林業
▶知識を適用する場面が多くなる
▶先を見通して学習できるようになる

③友だちとのつながり

「授業を通していかに子どもたち同士をつなげるのか」と言った表現がよくされます。子どもたちは、友だちとのつながりを感じ、学び合うことで、新たな気づきを得ることができます。自分にはない見方を得ることで、視野が広がることも少なくありません。また、友だちの意見に触発されて思考が活性化し、新たな知識の獲得にもつながります。授業内容を深めるためにも、友だちとの「つながり」を意識したいものです。

1　言葉（話し合い）でつながる

言葉（話し合い）によってつながるために、「共有化」を行います。共有化とは、**一人の考えのよさを全員に広げ、全員でよりよい考えをつくりだしていくこと**です。

共有化が行われない授業では、理解力の優れた一部の子ども中心の授業になりがちです。全員が理解したかどうかもわからず、困り感を感じている子が取り残される授業になりやすいです。そうならないために、最も理解が難しい子に寄り添い、全員理解を目指すことが共有化の目的だと言えます。具体的にどのようにして共有化を図るのか説明していきます。

〈「何を」「どこで」「どのように」共有化させるのか〉

社会科では、**概念的知識を共有化**させます。どこで共有化させるべきかは、**全員の参加レベル、理解レベルを上げたい場面**です。つまり、授業の中で概念的知識を獲得する場面である「山場」です。資料や生活経験をもとに「なぜ～？」と理由を考え、「目には見えないことを問う」場面のことです。しかし、「なぜ～？」と理由を考えることは簡単ではありません。だからこそ、共有化を行い、一人の考えのよさを広げていく必要があります。

共有化させる方法は、多数考えられます。例

共有化の方法

	どのように
再生	「○○さんが言ったことをもう一度言える人？」 「○○さんがとっても大切なことを言ってくれました。○○さんの発言の大切な部分を隣の人と伝え合いなさい」
継続	「今,○○さんが『～だけど』と言いましたが, ○○さんがその続きにどんなことを言おうとしているか予想できる人？」
暗示	「○○さんがよいことに気づいています。今から○○さんにヒントを出してもらいます」
解釈	「今, ○○さんが～と言った意味がわかりますか？」

えば、

「Aさんが発言したことを、隣の人に伝えなさい」

「Aさんが言ったことをもう一度言える人？」

と再生させる方法。

「今、Cさんが『～だけど』と言いましたが、〇〇さんがその続きにどんなことを言おうとしているか予想できる人？」

と継続させる方法。

挙手したDさんに、答えをそのまま発言させず「Dさんがよいことに気づいています。今からDさんにヒントを出してもらいます」

と暗示させる方法。

「Bさんが～と言った意味がわかりますか？」

と解釈させる方法など、様々です。

〈共有化の具体例〉

では、どのように共有化を行うか、具体例を挙げて説明します。5年生の「高い土地のくらし」群馬県嬬恋村の事例です。「高い土地の冷涼な気候をいかしたキャベツ栽培・出荷の工夫について理解すること」が本時のねらいです。

授業の「山場」の場面で考えます。P91の図はキャベツの月別出荷量のグラフです。キャベツの出荷は春が多いことは、グラフの下部を隠した状態でもわかります。隠している部分を見せると、群馬県産のキャベツの出荷が夏に多いことがわかります。さらに、その他の産地の出荷が少ない夏に、群馬県産のキャベツの出荷が多くなっていることに気づきます。「他の産地の出荷量が少ない夏に、なぜ群馬県は多く出荷

何を	どこで	どのように
・概念的知識	・参加レベルを上げたい場面 ・理解レベルを上げたい場面	・再生 ・継続 ・暗示 ・解釈

できるのだろう」という問いにつなげることができます。「高い土地で涼しいから夏でも栽培できます」と、気候と関連づけて答える子が出てきます。その子の発言をペアで話して**再現**させます。「嬬恋村のキャベツは涼しい気候を利用して夏に栽培している」という概念的知識を全員に広げるのです。さらに、夏に出荷することの「よさ」を考えさせます。ある子どもが「あ、わかった。他県の出荷が少ない夏に出荷することで…」と発言します。その子の発言を途中で止め、「Aさんが、この後どんなことを言うか想像できますか？」とAさんの発言を手がかりに、全員で考え**継続**させます。「高い値段で販売することができる」とAさん以外の子が答えます。このように、一人のもつ概念的知識を少しずつ全員に広げていくのです。上智大

学の奈須正裕氏（２００６）は「授業は流すものではありません。いかに止まるかが重要だ。止まるべきところできちんと止まる『技』の方がより高度で本質的であることに気づくでしょう」と、共有化にも関係する捉え方について指摘しています。

共有化を行う時、すべての子どもが簡単に理解できるとは限りません。理解のゆっくりな子もいます。その子を見続けることが重要です。1回目の共有化ではその子は全く反応できません。2回目の共有化でその子に少し反応があります。3回目の共有化でその子の手が挙がります。その子を指名し、答えさせます。理解するまで粘り強く考えることができたその子と、共有化できたクラス全員を大いに賞賛します。学級で学ぶことの意味を実感させます。

共有化では、「全員理解させたい」という教師の「覚悟」が必要です。そのために、「ある一人の子」を必ず理解させたいという思いと、その子の動きを徹底的に見続けるというまなざしが必要です。

共有化を行うベースとなるものは、「安心感」です。「何を言っても受け止めてもらえる」「分からなくても助け合える」「間違えても価値づけてもらえる」このようなことを子どもたちが感じているかどうかが重要です。そのために、日頃から誰でも自由に話せる雰囲気をつくることが大切です。共有化は、学びを深めると共に、発言した子も聴いていた子もつながりを感じられる豊かな時間にすることができます。

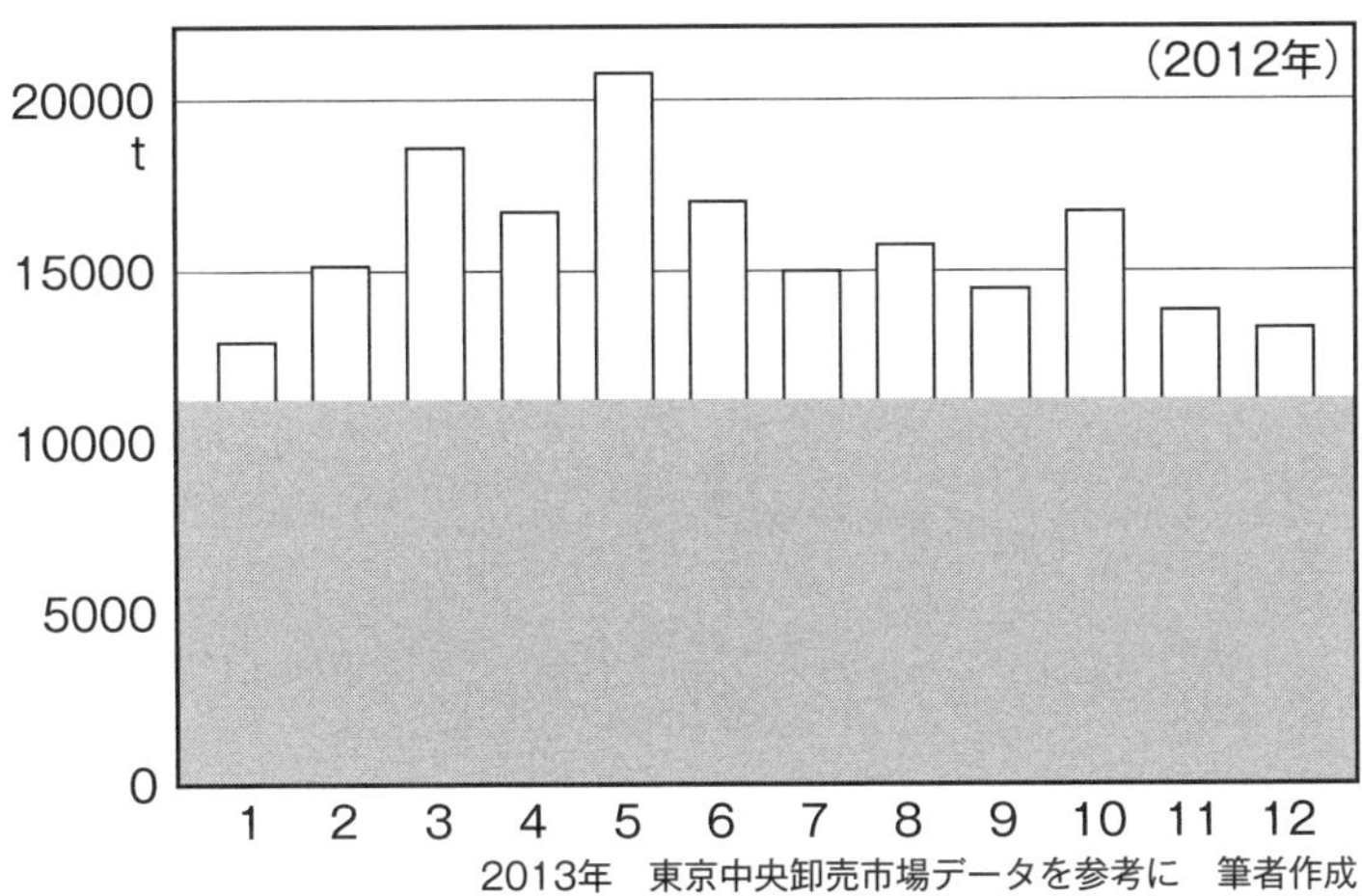
東京都の市場でのキャベツの月別取りあつかい量
(2012年)
20000
t
15000
10000
5000
0
1 2 3 4 5 6 7 8 9 10 11 12
2013年　東京中央卸売市場データを参考に　筆者作成

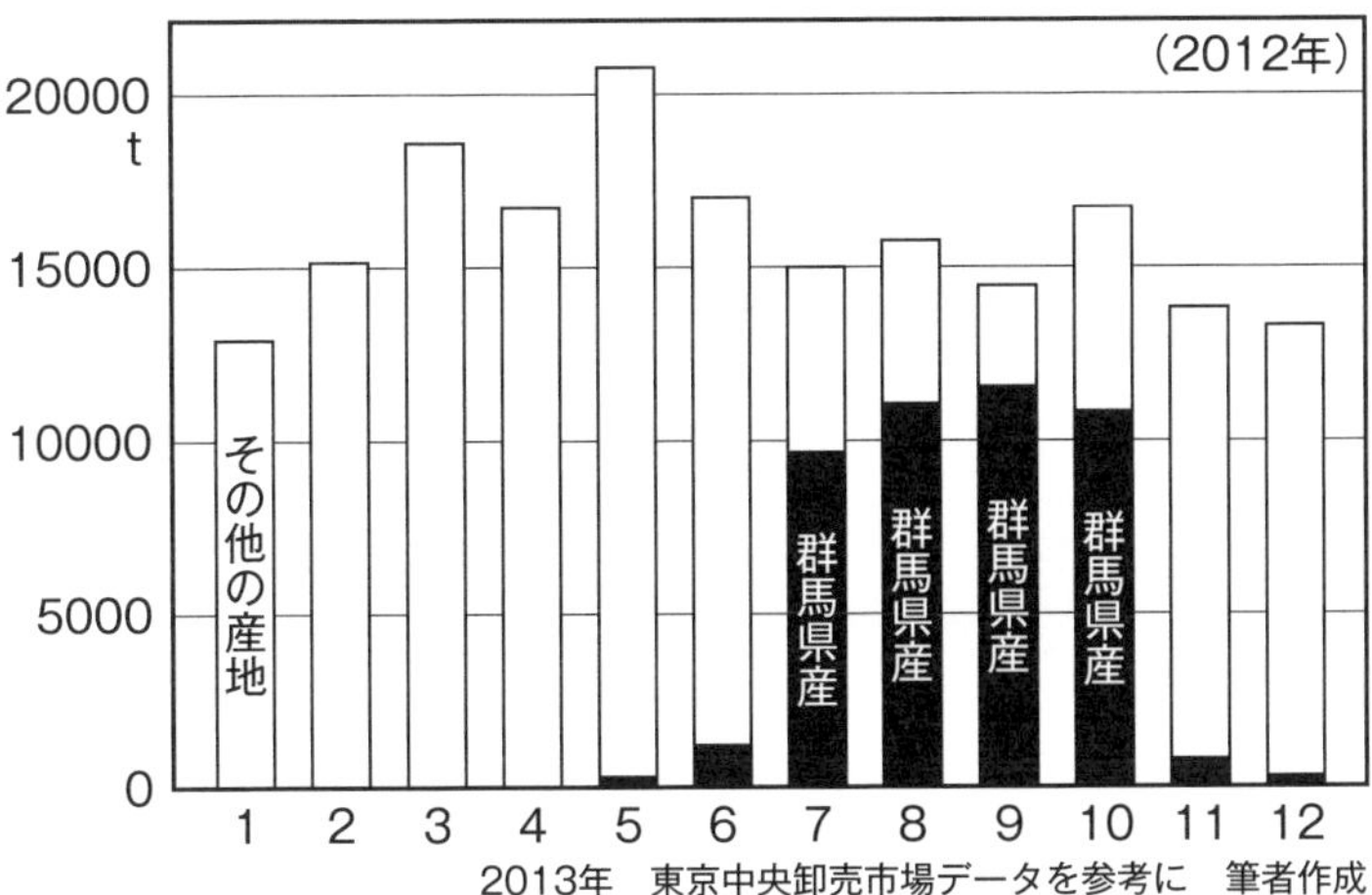
東京都の市場でのキャベツの月別取りあつかい量
(2012年)
20000
t
15000
10000
5000
0
その他の産地
群馬県産
群馬県産
群馬県産
群馬県産
1 2 3 4 5 6 7 8 9 10 11 12
2013年　東京中央卸売市場データを参考に　筆者作成

2 ノートでつながる

　ここでまず、私のノート観について説明します。次頁の図のように、「教師にとっての社会科ノート」と「子どもにとっての社会科ノート」の捉え方があります。どちらも学習内容の定着のためにノートを活用していることは変わりありません。その中でも**概念的知識や視点、学習方法の獲得**に大いに役立つものがノートです。それだけでなく、**仲間とつながるため**にもノートが有効活用できます。「教師にとっての社会科ノート」では③、「子どもにとっての社会科ノート」では⑥にあたります。例えば、教師が子どものノートをチェックしている時、ノートのふり返りに友だちの名前が書かれてあれば、授業の中で紹介します。それだけでなく、名前が書かれた子を休み時間に呼んでそのノートを見せます。「え、だれが書いてくれたん？」と嬉しそうに聞いてきます。そこから交流が生まれることもあります。何より、**自分の意見を聴いてもらえている充足感や安心感、自分の発言が人に影響を与えているという自己効力感**を感じることができます。仲間づくりのツールとしても大きな威力を発揮します。あくまでも副次的なものかもしれません。しかし、このようなちょっとしたことが豊かなノートづくり、豊かな仲間づくりにつながるのではないでしょうか。（タブレット端末の導入により、さらに大きな効果が期待されます）

教師にとっての社会科ノート

①学習状況把握のためのツール
○本時、単元での学習把握

②評価するためのツール
○継続して得た概念, 比較等の視点
○学習内容と学習方法の獲得

③子ども同士をつなげるためのツール
○学級経営の視点

子どもにとっての社会科ノート

①記録のためのツール

②思考を深めるためのツール

③学びをふり返るためのツール

④書く力を伸ばすためのツール

⑤想いや願いを綴るためのツール

⑥友だちと交流するためのツール

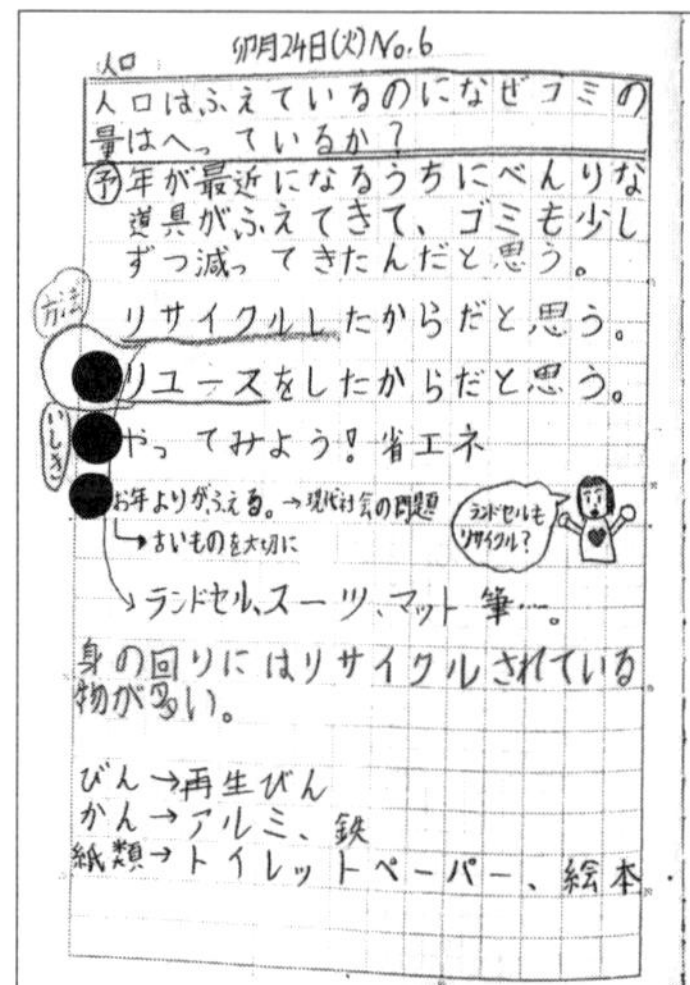
人口　○月24日(火)No.6

人口はふえているのになぜゴミの量はへっているか？

予 年が最近になるうちにべんりな道具がふえてきて、ゴミも少しずつ減ってきたんだと思う。

方法　リサイクルしたからだと思う。

● リユースをしたからだと思う。

いしき　● やってみよう！省エネ

● お年よりがふえる。→現代社会の問題
→古いものを大切に

→ランドセル、スーツ、マット等…。

ランドセルもリサイクル？

身の回りにはリサイクルされている物が多い。

びん→再生びん
かん→アルミ、鉄
紙類→トイレットペーパー、絵本・

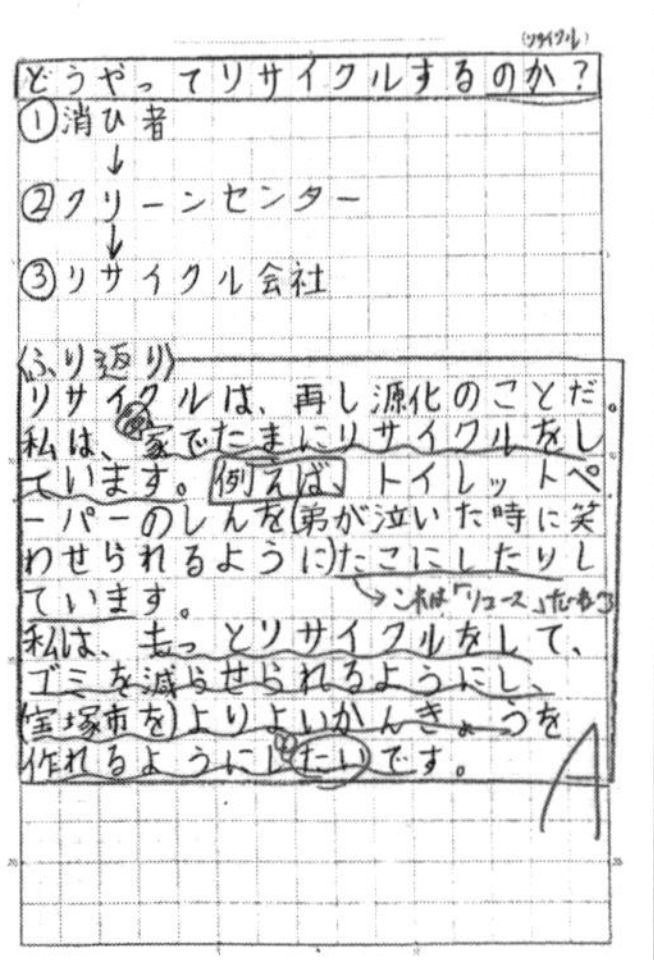
(リサイクル)

どうやってリサイクルするのか？

①消ひ者
↓
②クリーンセンター
↓
③リサイクル会社

ふり返り

リサイクルは、再し源化のことだ。私は、家でたまにリサイクルをしています。例えば、トイレットペーパーのしんを弟が泣いた時に笑わせられるようにたこにしたりしています。
→これは「リユース」だね
私は、もっとリサイクルをして、ゴミを減らせられるようにし、宝塚市をよりよいかんきょうを作れるようにしたいです。

A

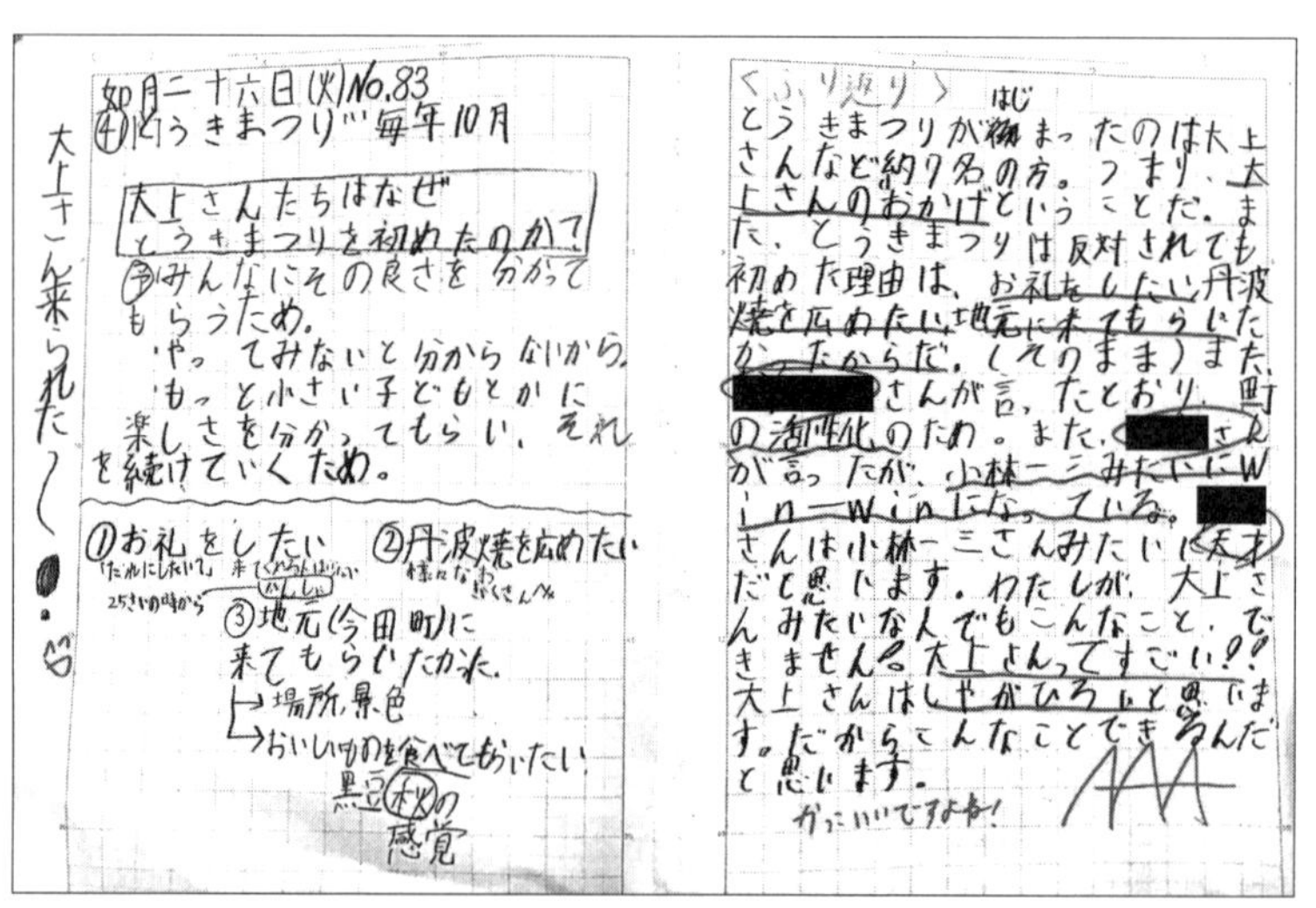
大上さん来られた〜

○月二十六日(火)No.83

④「とうきまつり」毎年10月

大上さんたちはなぜとうきまつりを初めたのか？

予 みんなにその良さを分かってもらうため。
・やってみないと分からないから。
・もっと小さい子どもとかに楽しさを分かってもらい、それを続けていくため。

①お礼をしたい　②丹波焼を広めたい

③地元(今田町)に来てもらいたかった。
→場所、景色
→おいしいものを食べてもらいたい
黒豆 秋の感覚

〈ふり返り〉

とうきまつりが始まったのは大上さんなど約7名の方。つまり、大上さんのおかげということだ。また、とうきまつりは反対されても初めた理由は、お礼をしたい、丹波焼を広めたい、地元に来てもらいたかったからだ。(そのまま)また、■■さんが言ったとおり、町の活性化のため。また、■■さんが言ったが、小林一三みたいにWin-Winになっている。■■さんは小林一三さんみたいに天才だと思います。わたしが、大上さんみたいなんでもこんなこと、できません。大上さんってすごい!! 大上さんはしやがひろいと思います。だからこんなことできるんだと思います。

AAA

かっこいいですね！

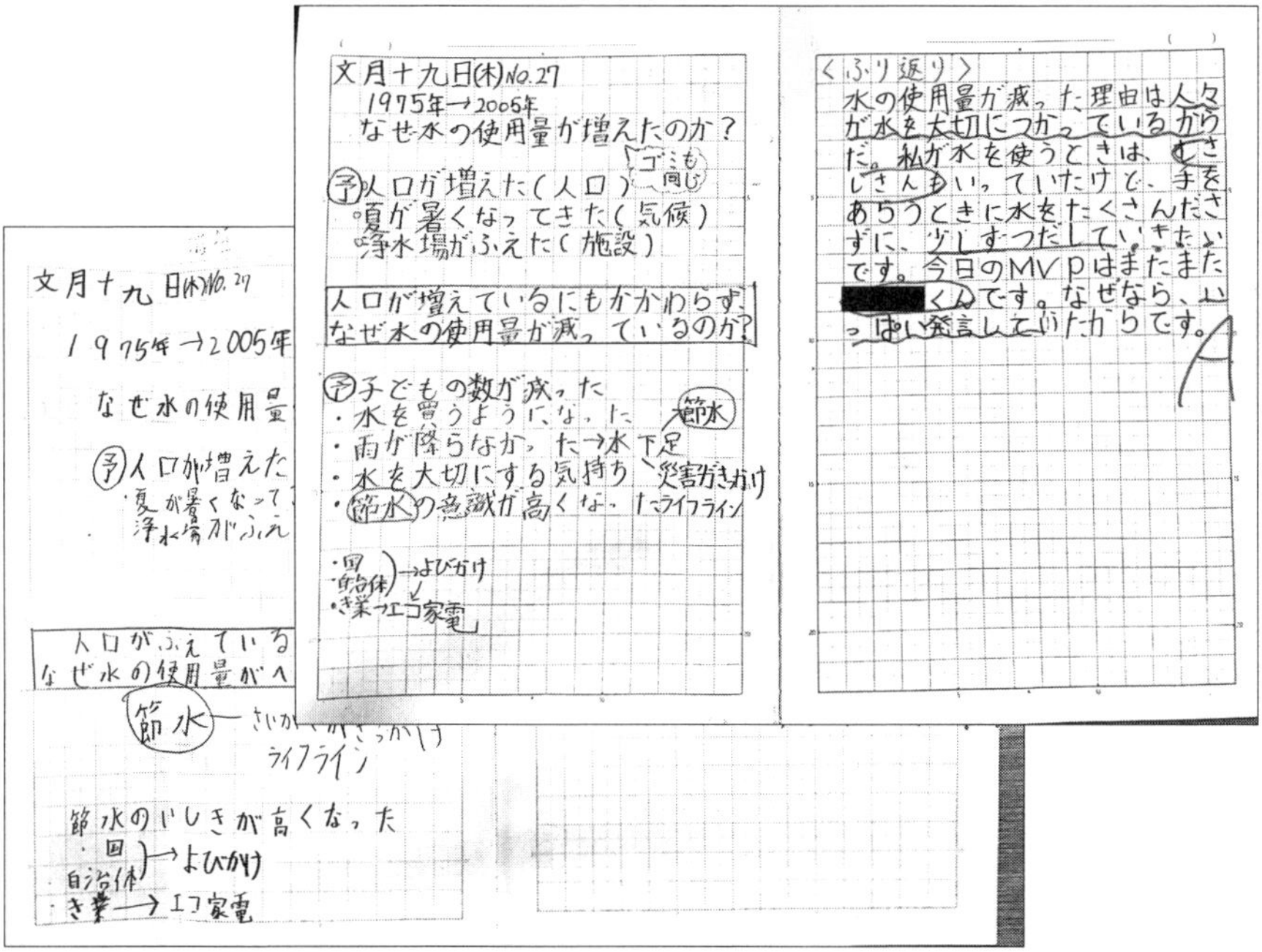

文月十九日(木)No.27
1975年→2005年
なぜ水の使用量が増えたのか？
予 人口が増えた(人口) ゴミも同じ
夏が暑くなってきた(気候)
浄水場がふえた(施設)

人口が増えているにもかかわらず、なぜ水の使用量が減っているのか？

予 子どもの数が減った
・水を買うようになった 節水
・雨が降らなかった→水不足
・水を大切にする気持ち 災害がきっかけ
・節水の意識が高くなった ライフライン
・国 自治体→よびかけ
・企業→エコ家電

〈ふり返り〉
水の使用量が減った理由は人々が水を大切につかっているからだ。私が水を使うときは、むさしさんもいっていたけど、手をあらうときに水をたくさんださずに、少しずつだしていきたいです。今日のMVPはまたまた■■くんです。なぜなら、いっぱい発言していたからです。

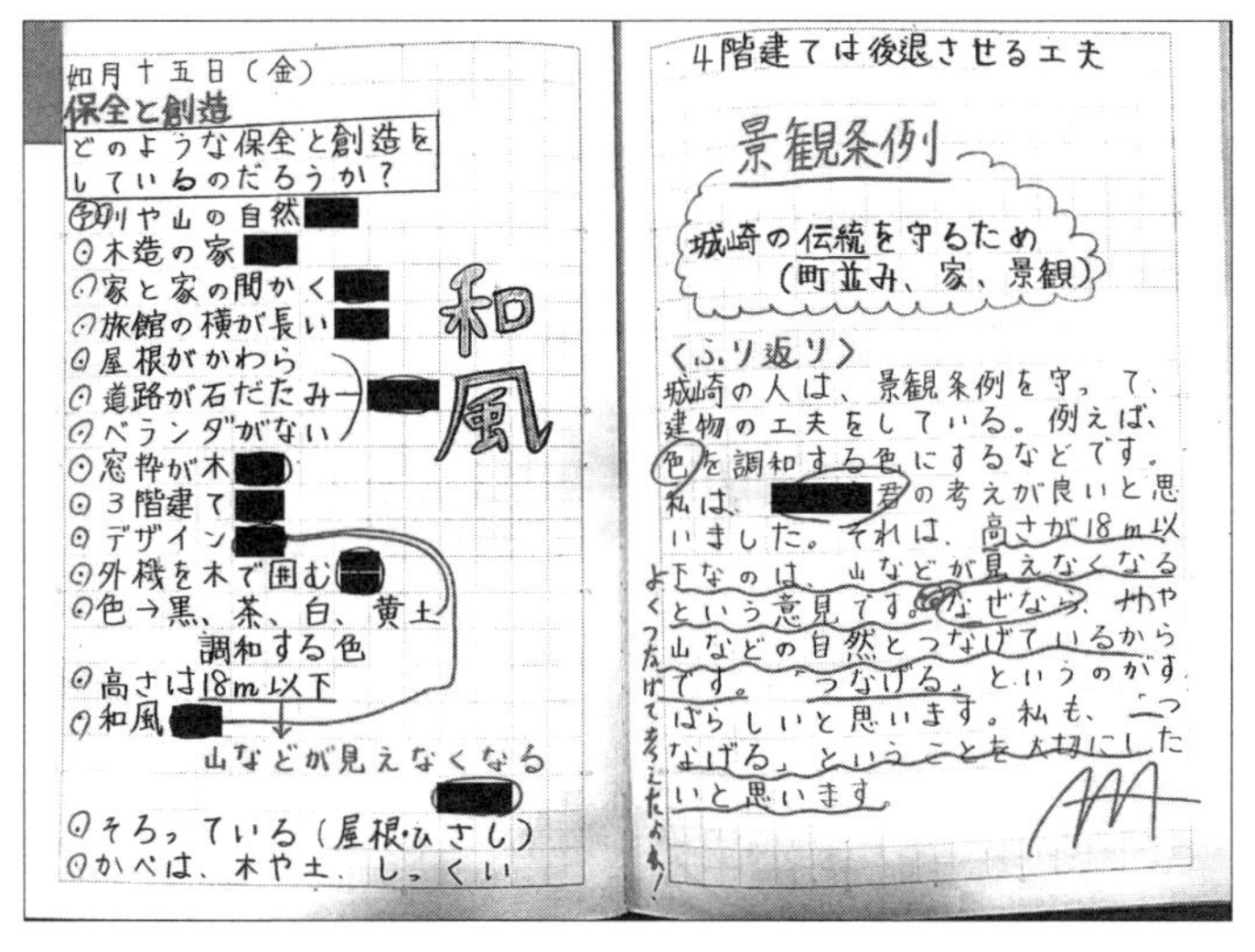
如月十五日(金)
保全と創造
どのような保全と創造をしているのだろうか？
予 川や山の自然
・木造の家
・家と家の間かく
・旅館の横が長い
・屋根がかわら
・道路が石だたみ
・ベランダがない
・窓枠が木
・3階建て
・デザイン
・外桟を木で囲む
・色→黒、茶、白、黄土
調和する色
・高さは18m以下
・和風
山などが見えなくなる
・そろっている(屋根・ひさし)
・かべは、木や土、しっくい
和風

・4階建ては後退させる工夫
景観条例
城崎の伝統を守るため(町並み、家、景観)
〈ふり返り〉
城崎の人は、景観条例を守って、建物の工夫をしている。例えば、色を調和する色にするなどです。私は、■■君の考えが良いと思いました。それは、高さが18m以下なのは、山などが見えなくなるという意見です。なぜなら、川や山などの自然とつなげているからです。「つなげる」というのがすばらしいと思います。私も、「つなげる」ということを大切にしたいと思います。
よくつなげて考えたね！

第3章

「比較」する社会科授業

「比較」を効果的に用いる授業

社会科において多く使用される思考法の一つとして「比較」が挙げられます。私自身、授業の中で意図的に比較を行います。ここでは「比較」について検証していきます。

1　比較とは

「比較」とは、簡単に言うと「2つ以上のものの違いを知ること」です。ものごとをある基準で見た時に、どのような違いがあるのかがわかることです。例えば「部屋の中の机の上にあるりんごは大きい、床にあるりんごは小さい」という事例は、「大きさ」という基準で比べています。「床にあるりんごは、机の上にあるりんごより小さい」とも言えます。「小さい」と判断できるためには、比較するものがなければなりません。

つまり、**比較することで、ものごとの類似点と相違点が見つかります。**一般的なものと個別的なものに分けることができます。**ものごとの本質を理解し、認識をより深めるため**に、「比較」は有効な思考法となります。

2 学習における比較

社会科授業において比較学習は、社会事象のもつ特殊性と一般性とを認識させ、科学的に思考させていく学習過程に位置づけられています。『社会科 単元比較学習の展開』藤本光１９７４（明治図書）では、次のように記されています。

比較は対比とも、また時には対照、対応とも同義に用いられる。学習における比較は、「一定の事物および現象のあいだの類似や差異の特性をあきらかにするために広く使われている、教授学的手法および思考操作」（ソビエト教育学研究会編『ソビエト教育科学辞典』比較の頁）というように定義されている。比較は思考活動における重要な要素の一つであるから、その学習上の価値は、かなり以前から注目されているようである。

そして、比較の利点を３点挙げています。

1 他の思考操作にくらべて具体性の強いこと
2 学習過程の工夫がしやすくなること
3 視野が広がり思考に幅ができてくること

学習における「比較」は、有効に働きます。「社会的な見方・考え方を働かせる」とは、どのような視点をもってどのような問いを設け、思考活動を経ることで、知識を獲得することだと先述しました。知識を獲得するには、必ず何らかの思考が働きます。その思考のひとつとして「比較」に焦点をあてたのです。左のような一般的な学習過程の中ではそれぞれの場面ごとに比較の思考は有効に働きます。これらを参考に、どのような場面で「比較」が有効活用されるのかをみていきましょう。

①「比較」を通して問題を発見する

下の海津市の写真は、洪水を繰り返していた海津市の写真と、「自然の楽園」と呼ばれている現在の海津市の写真です。状況に大きな差があるので、この二つが大きく変化している事実は捉えやすいです。過去の写真→現在の写真を順番に提示して比較させることで、子どもたち

・これはひどい！
・町が洪水でめちゃくちゃになってしまっている。
・洪水に困ってたんだろうな…

・めっちゃ平和そう。
・「楽園」だって。
・すごい変わりようだ

・どのようにして「自然の楽園」にしたのだろう？

はその変わりように驚くでしょう。「どのように変化したのか？」「なぜ変化したのか？」という「問い」を設けることができます。その他、次の写真のような風景の変化や江戸時代→明治時代の町の様子の変化など、**「変化」の視点から「問い」を設ける**ことができます。

学習過程の中の比較

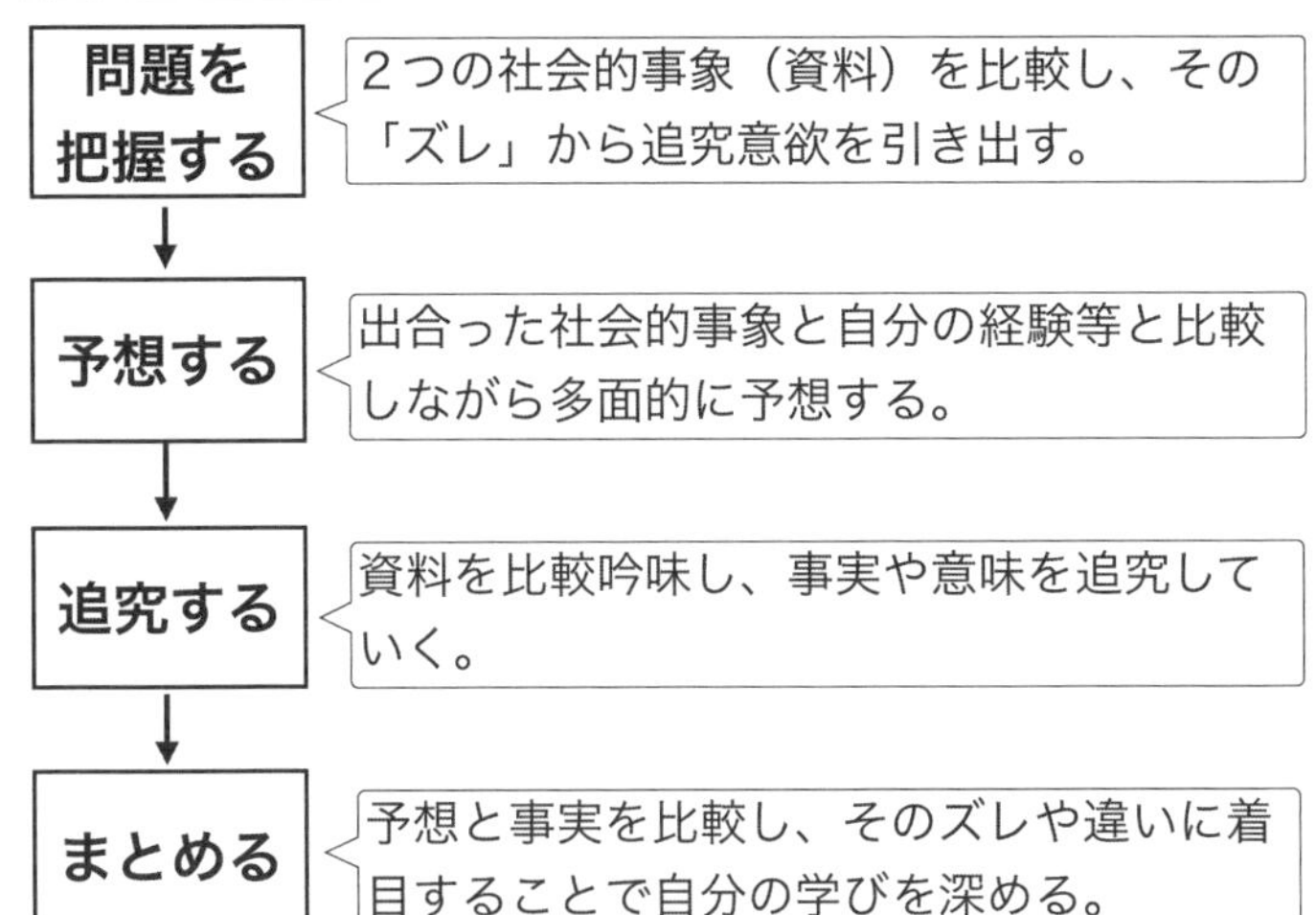

問題を把握する	２つの社会的事象（資料）を比較し、その「ズレ」から追究意欲を引き出す。
↓	
予想する	出合った社会的事象と自分の経験等と比較しながら多面的に予想する。
↓	
追究する	資料を比較吟味し、事実や意味を追究していく。
↓	
まとめる	予想と事実を比較し、そのズレや違いに着目することで自分の学びを深める。

②「比較」を通して問題を追究する

問題を追究する時に一方の見方のみで考えることは望ましいとは言えません。**Aの立場、Bの立場で対象を見ることでより客観的に事象や問題を捉える**ことができます。

4年生「県内の特色ある地域のくらし」の単元を例に挙げて説明します。伝統的な文化を保護・活用している事例地として、兵庫県豊岡市城崎に焦点をあてました。単元として獲得させたい概念的知識と「問い」の構想は左図の通りです。本時の学習活動についても左図をご覧ください。まず、城崎伝統の木造三階建ての町並みを守ろうとする「城崎温泉町並みの会」の活動内容を捉えさせます。次に、伝統的な町並みの城崎に、モダンなデザインの新しい商業施設(以下、木屋町小路)が設置されることになったことを資料で伝えます。子どもたちの多くは、「え〜、このデザインは城崎に合わないよ…」とつぶやきます。「城崎温泉町並みの会」が反対した理由は容易に考えられます。同時に木屋町小路に関する資料を配付し、木屋町小路を建設しようとした理由を子どもたちに読み取らせます。その後、「城崎温泉町並みの会」の人々が反対している理由、木屋町小路を建てようとしている側の理由を挙げさせます。どちらの立場の主張も確認し、それぞれのメリット・デメリットも把握させるためです。それを踏まえた上

【 獲得させたい概念的知識 】

豊岡市では、人々が協力し、特色あるまちづくりや観光などの産業の発展に努めている

【「問い」の構想】

○『豊岡市（城崎町）はどのような所だろう？』
・兵庫県の北部に位置し、コウノトリやかばんづくりで有名である。
・城崎は端から端まで２０分程度の小さい温泉街である。

○『大正の大地震後、どのようにして城崎の町を復興させたのだろう？』
・木造の町並みへのこだわりをもち、共存共栄の精神で町を復興させた。

○『城崎の景観をどのようにして守ってきたのだろう？』
・旅館の外観も町並みに合うように「都市景観形成基準」を守っている。
・多くの団体が景観を守る努力をしている。

○『城崎温泉町並みの会はどのような活動をしているのだろう？』
・城崎温泉町並みの会は、町全体の景観を守る工夫をしている。

【 学習活動 】

１．城崎の景観を守る工夫を資料から見つけ、発表する。

・建物だけでなく看板や自動販売機にも目も向けさせ、「城崎温泉町並みの会」が、町全体の景観を守る工夫をしていることを捉えさせる。

２．新しい商業施設の設置に対する自分の考えをもち、話し合う。

・旅館と木屋町小路の写真を並べて提示することで、建物の雰囲気の違いに気づかせる
・「城崎温泉町並みかわら版」（資料）を配布し、町並みを守ることに対する思いや願いに共感させる。
・「木屋町小路設立目的」（資料）を配布することで、他方面のよさもあることに気づかせる。
・新しい商業施設の設立に対する自分の考えを話し合わせることで、町並みを守ることに対する強い思いや願い、その難しさについても考えさせる。

３．「町並みを守る会」の活動に対する自分の考えをノートに書く。

で「あなたは木屋町小路設立に賛成ですか？反対ですか？」と問います。

「ずっと守ってきた城崎の木造の町並みをやっぱり守りたい」「城崎は木造の雰囲気がいいのに、木屋町小路はコンクリートだから適していないよ」「木屋町小路は未来っぽさがあってお客さんも来てくれると思う」「いろんな店が集まっているので、寄ってもらえるようないいものになると思う」など、事実に基づいた意見が多く出されます。このように子ども同士の考えがズレるので、話し合いに熱を帯びます。話し合いを通して、結局はどちらも地域の活性化や城崎の未来のことを考えているという点を確認させます。**多面的・多角的に社会的事象を捉え、より豊かな概念形成につなげること**が大切なのです。また、このような話し合いの場面では、対立軸があるので自分の意見と友だちの意見を比べながら考えることができます。

比較するということは、**両極端な思考を改め、お互いの間にある中間の発見につながり**ます。これは、二者択一の極端で主観的な思考判断とは違い、バランスを考えた思考です。また、**より公平な価値判断を可能にし、真の問題解決を可能にする基礎となる**のではないでしょうか。つまり、**比較をして考えることで、調和的な思考が身につき、豊かな判断につながる**のです。

実は、この授業の話には続きがあります。話し合った内容が気になった子が、実際にその場へ足を運んだのです。自分の目で確かめてから判断したいと思ったようです。この子は授業を

した時は「反対」だったのですが、実際に見ることで「賛成」に変わりました。実際に見て感じた判断と、自分の過去の判断を比較したのでしょう。話し合いの先にあるものを大切にしたいと思いました。

実際に足を運び、自分の目で見て判断する。このような豊かな子どもの姿を目指したいものです。

【「木屋町小路」について】

○豊岡市役所、城崎商工会（地域の発展のために活動する団体）が管理・運営を行う。

○城崎温泉街のほぼ中央に位置する四所神社前に建設。

○宿泊客の周遊を促し、施設を一種のまちの活性化として位置付ける。

○観光の目玉となる施設とし、来客を増やすことを目指す。

○施設の中には飲食店や雑貨店など、10 の店舗 を配置。

○施設の前には休憩ゾーンとなる広場を配置する。広場では様々なイベントが行われる。

○地域の活動拠点（寄り合い等、様々な会議など）の場としても活用。

○斬新なデザインを城崎のこれからの町並み景観を先導するモデルとする。（2010 年度 グッドデザイン賞まちづくり・地域づくり部門受賞）。

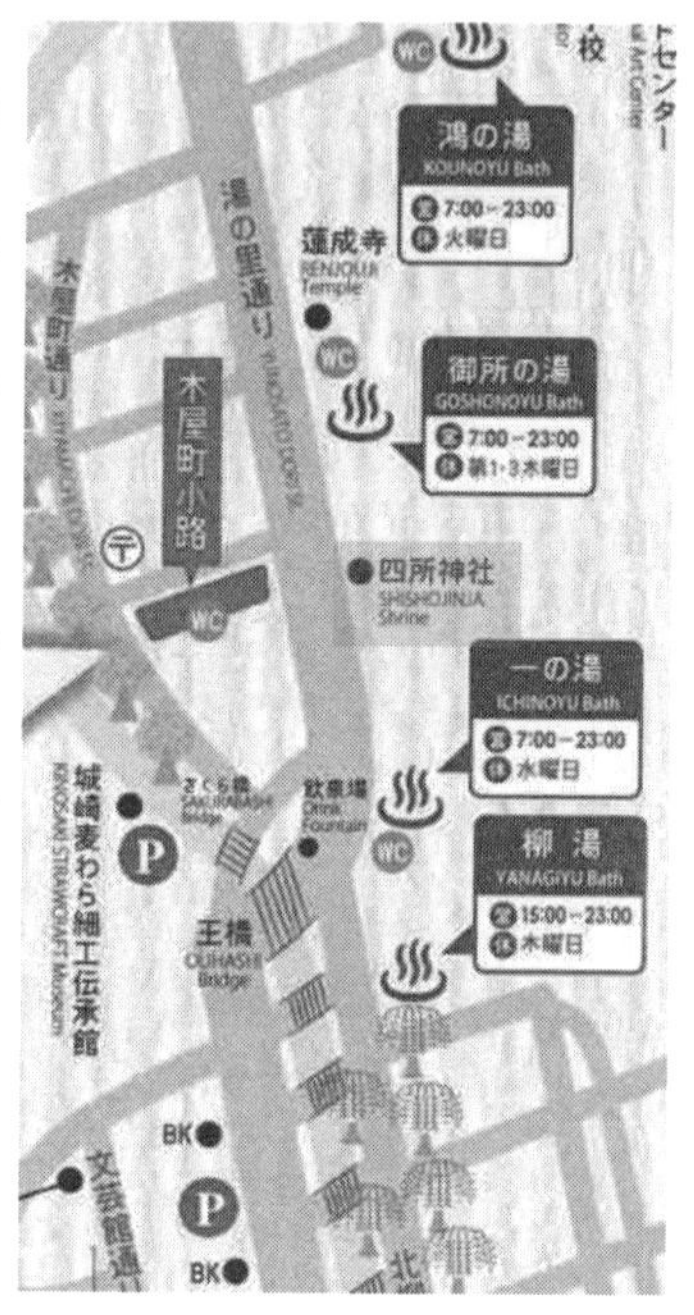

休憩ゾーンとなる広場

施設内の店舗

（「土地総合研究 2011 年冬号 183」　参考）

【木屋町小路への要望書】城崎温泉町並みの会 代表 四角澄朗

木屋町小路においても、「景観条例」を守ることは当然の姿勢であります。城崎の歴史と文化、伝統や自然を配慮した建造物であるべきであります。

今回の６ｍ×６０ｍのコンクリート壁はどう考えても条件を満たしていません。ステージや店舗に▲▲▲▲壁は適しません。

周りの風景・自然を壊さず、飽きのこない人の心を癒し誇れる物、「しっとり」と町に溶けこんだ物を望みます。

北但大震災前の町並み写真を以下に添えます。参考にしていただき、再考を切に望みます。私共は江戸期の古き伝統的な町並みの再現を理想とします。

会員一同誠に残念に思っています。今意見を述べておかないと後悔を残す事となりますので、紙面ではありますが異議を申し立てたいと思います。

〈北但大震災前の町並み写真〉

（城崎温泉町並みを守る会「町並みかわら版」参考）

次のノートは、5年生「あたたかい土地のくらしと寒い土地のくらし」の学習の時のノートです。この学習の前に、「低い土地のくらし」と「高い土地のくらし」を学習しています。その学習の時に、子どもたちは「低い土地と高い土地をそれぞれ比較して調べると有効だ」ということを確認しています。そこで、次に学習する「あたたかい土地のくらしと寒い土地のくらし」は、比較を前提に学習を進めました。

子どもたちは「比較」の視点を獲得しているので、自分たちで比較しながらどんどん調べていきます。調べてきたことを子どもたちが前に出てきて発表していきます。発表といっても、ただ調べたことを伝えるだけではなく、クイズにしたりブラインドをかけたり…。教師が授業をしているように進めてくれます。このように子どもが自ら調べ、話し合い、まとめていく授業のことを私は「**追究型授業**」と呼んでいます。こういった授業を行えるのも、子どもたちが「比較」の視点を獲得しているからに他なりません。

沖縄と北海道の家はどのような違いがあるのか？

〈沖縄の伝統的な家〉
シーサー…やくよけ（屋根）
ふくぎ…風や火事よけ（防風林）
風通しをよくしている→開口が広い
〈現在の家〉
白いコンクリートの家
日光 台風 森林が少ない
貯水タンク
水不足？→沖縄は森林が少なく川が短いのですぐ流れる
暑さ対策 台風対策

北海道
・屋根が急…雪を落とすため
・玄関のドアが二重…室内の温度がにげないように
・外に灯油タンク…暖房の燃料を多く使う
・現在は平たな屋根 なぜ？ 雪をとかす
・落ちてくる雪を防ぐ…玄関フード
・玄関に温水パイプ 雪をとかす 寒さ対策 雪〃

共通
どちらも気候の対策をしている。

〈ふり返り〉
沖縄と北海道の家はどちらも温度対策気候対策などをしている。例えば沖縄は風通しをよくしたり、白いコンクリートの家貯水タンク。北海道は屋根の形、ドアやまどの厚さ、雪をとかすなどとしてどちらも工夫している。私は温度対策や気候対策をして、家の構成が工夫されているのかよくこんなことがおもいつくなぁと思いました。

③「比較」を通して事象の本質を見る

比較をすることでそれぞれの物事の本質が見えてくるようになります。

左の図をご覧下さい。よくされる比較は①の低い土地と高い土地のように、特徴ある土地同士でしょう。しかし、実際の授業では、低い土地か高い土地、いずれかの土地を学習して終わってしまうこともよくあります。どちらか一方を選択して学習することになっていますが、さらに認識を深めるために、比較を有効に使いたいものです。

左の図の説明をします。❶の比較は、未知の土地同士の比較となり、自分たちが知らない場所であるがために検証していくことが難しくなります。自分たちが住んでいる地域との比較、つまり❷のような比較は、自分にとって身近な土地との比較なので、その異同も見つけやすくなります。つまり、**自分の土地をもとにして比較することは、子どもにとって安心して安定的に比べることができる**と考えられます。子どもたちは常に内的思考として自分たちの住む土地と比較して考えています。そのように捉えれば、**❷の比較は子どもたちが自然と働かせている比較思考**なのです。しかし、その思考には個人差があります。ですから、社会科授業の中で取りあげて学習する必要があるのです。学習の中で思考法を鍛えることで、日常的に比較思考

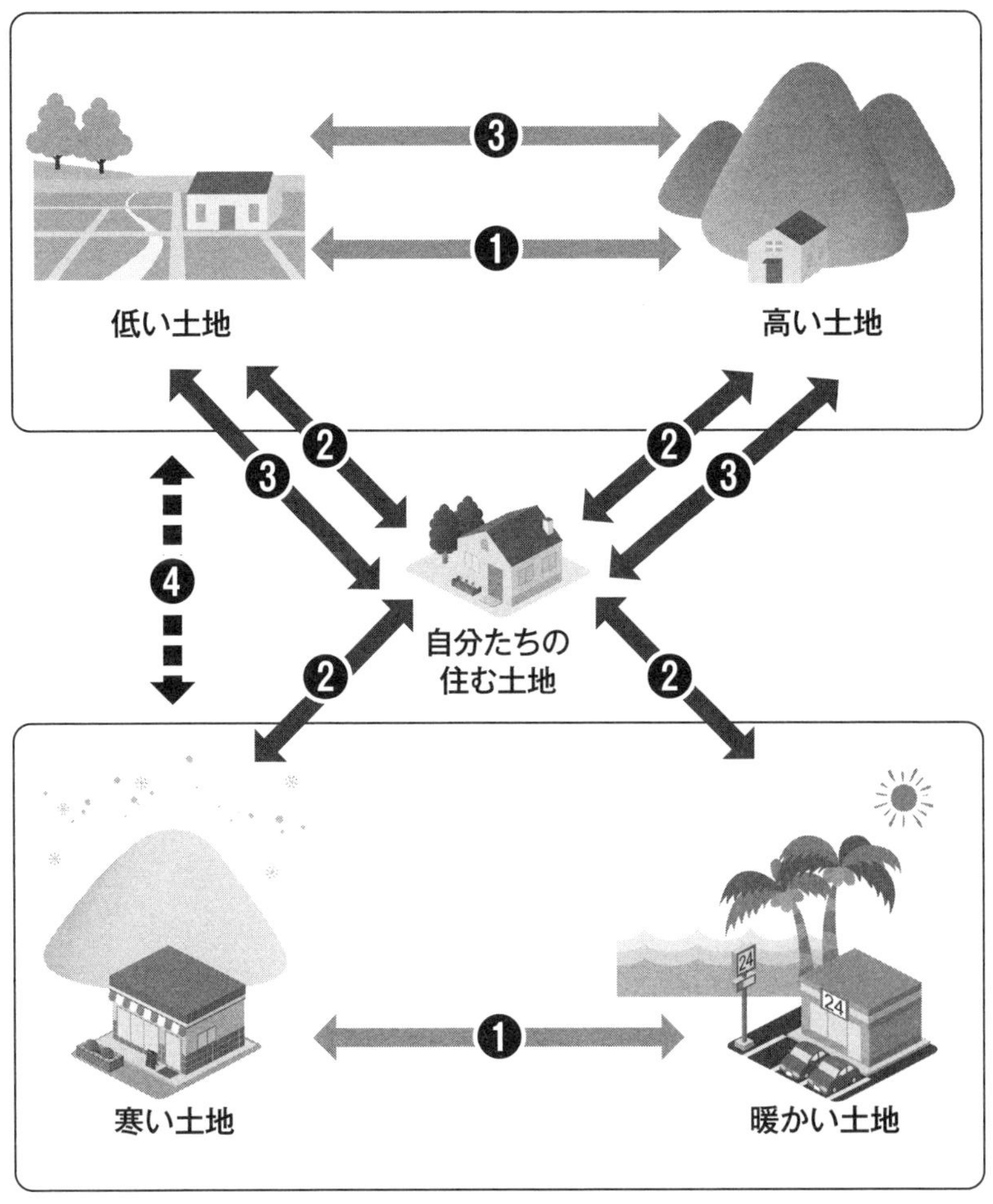

「社会科における比較学習の指導」山口康助編著（1975）明治図書出版 を参考に著者作成

を働かせられるようになるのです。❶❷のみの比較にとどまらず、❸のようにすべてを比較する方法もあります。時間はかかりますが、こうすることで、よりそれぞれの特色を捉えることができます。

さらに比較対象を広げることもできます。❹のような比較になります。こちらは❶の比較によって得た概念的知識同士を比較しています。より大きな視点で比較をしていると言えるでしょう。後に詳しく述べますが、「マクロな比較」と呼んでいます。

同じ学習であっても、どのように事例や内容を扱うかによって捉えさせられる概念や認識は変わってくるのです。❹の比較を具体的に表現すると、左図のようになります。

No.17 7・3・金

低い土地

岐阜県海津市の人々は、どのようにして「自然の楽園」と呼ばれるようにしたのだろうか?

問い1 どのようにして、水害から人々を守ってきたのだろうか?

問い2 どのようにして水を生かしている?

水害と戦う海津市

今も残る"水屋"

高い土地

群馬県嬬恋村の産業やスポーツは、土地の高さとどのような関係があるのだろうか?

問い1 高い土地の人々はどのようなくらしの工夫をし、どのような農業をしているのだろうか?

問い2 自然を生かしどのような観光業がさかんになっているのだろうか?

共通点

Point

子どもたちが自ら比較できるようになってほしいけど…。

低地に住む人々は，地形の特色に合わせたくらしや産業の工夫をしている。		高地に住む人々は，地形の特色に合わせたくらしや産業の工夫をしている。

地形の特色を生かしてくらしや産業の工夫をしている。

その土地の自然条件を生かしてくらしや産業の工夫をしている。

暖かい土地に住む人々は，気候の特色に合わせたくらしや産業の工夫をしている。		寒い土地に住む人々は，気候の特色に合わせたくらしや産業の工夫をしている。

気候の特色を生かしてくらしや産業の工夫をしている。

まずは教師が意図的に社会的事象を重ねて比較させることがポイントですね！

④「比較」を通して特殊と一般を把握する

特殊性と一般性の把握も、全体と部分の比較思考を通してはじめて可能になります。5年生「水産業のさかんな地域」の学習を例に挙げます。

特殊な事例として、兵庫県姫路市坊勢（ぼうぜ）島の水産業を扱っています。第1時〜第5時までは、坊勢島の事例を学習します。一般の事例を扱うよりも特殊な個別の事例を扱う方が、社会的事象をより身近に感じられる子どもが多いと感じたからです。坊勢島は、知名度は高いとは言えないですが、保有漁船数が全国で最も多く、水揚げ数量・水揚げ金額共に兵庫県内の上位を占めています。また、とる漁業、育てる漁業共に「坊勢ならでは」の工夫があります。何より、私自身がその島の小学校で勤務し、坊勢島で実際に様々な水産業に触れさせていただいたことがありました。単元の展開としては、まず坊勢島という個別の事例で具体的な理解をねらいます。しかし、本単元で扱うのは地域学習ではありません。あくまでも産業学習です。「日本における」水産業のもつ一般的な傾向や特色を理解させることが大切です。そこで、単元の後半には、**坊勢島の事例と比較しながら、日本の水産業の現実や問題点まで範囲を広げます。**坊勢島という特殊な事例の具体的理解にとどまることなく、そこを窓口にして一般の水産業の全体理解につなげることができるのです。

第5学年社会科「水産業のさかんな地域～瀬戸内海に浮かぶ小さな島 坊勢島～」単元構想図

時	着目させること（調べること）	資料	主な問い	獲得する知識
1	坊勢島の概要	・上空写真 ・水あげされる主な魚 ・坊勢のり	「坊勢島はどのような所なのだろう？」	・坊勢島は海に囲まれた島で、様々な魚が多くとれる漁場である。 ・島の大半の家庭（約7割）が漁業に従事している。
水産業がさかんな坊勢島では、どのような漁をしているのだろう？				
2	のり養殖	・海苔養殖の1年 ・潜り船	「坊勢では、のりをどのようにして育てているのだろう？」 「なぜ何度ものりを洗うのだろう？」	・のりの養殖は、生産量が安定するよう計画的に行われ、安心・安全なのりがつくれるように工夫している。
3	サワラはなつぎ漁	・はなつぎ漁 ・魚群探知機 ・運搬船 ・血抜きの技術 ・華姫サワラ（ブランド）	「坊勢では、サワラをどのようにしてとるのだろう？」 「サワラのはなつぎ漁では、なぜ3艘1組になるのだろう？」	・はなつぎ漁では、3艘で1組になり、とれたサワラは運搬船で港へ運んでいる。 ・とれたてのサワラを船上で血抜きし、「華姫サワラ」としてブランド化している。
4	サバ蓄養	・まき網漁 ・出荷調整	「坊勢では、サバをどのようにしてとるのだろう？」 「なぜすぐに出荷せずに蓄養をするのだろう？」	・鯖の蓄養は、出荷調整をすることで安定した収入を得ることができる。
5	イカナゴ船びき漁 妻鹿漁港	・魚群探知機 ・妻鹿漁港 ・せり 入札 ・保冷トラック	「坊勢では、イカナゴをどのようにしてとるのだろう？」 「なぜイカナゴ漁は魚の群れを発見することができるのだろう？」 「妻鹿漁港で働く人たちは、水あげされた魚をどうするのだろう？」 「水あげされた魚は、どのようにしてわたしたちのところへ届くのだろう？」	・妻鹿漁港は、水揚げができる港と水産加工工場や小売所などを備えている。 ・水揚げされた魚は、種類や大きさごとに分けられた後、大型冷蔵庫で保存、氷詰めにしてトラックなどで新鮮なうちに消費地に輸送、または加工工場へ運ばれる。
他の地域の水産業はどのようにしているのだろう？ これからの日本の水産業はどのようにするべきだろう？				
6	日本の水産業	・教科書の事例	「日本各地では、どのような水産業が行われているのだろう？」 「なぜ日本は多くの魚がとれるのだろう？」	・国土を海で囲まれ、寒流、暖流がそばを流れ良い漁場をもつ日本は、世界有数の魚介類の消費国である。
7	日本の水産業の問題点	・200海里水域 ・乱獲 ・やせた海	「日本の水産業が抱える問題に対してどのような取り組みをしているのだろう？」 「世界の中でなぜ日本の漁獲量だけが減っているのだろう？」	・200海里水域や乱獲の影響で生産量は減少傾向にあるが、水産資源回復の取り組みも行われている。
8	持続可能な水産業	・栽培漁業 ・豊かな海 ・海を耕す ・植樹 ・かいぼり	「これからの日本の水産業はどうあるべきなのだろう？」 「育てた魚をなぜ放流するのだろう？」	・水産業に携わる人々は、自然環境や資源のことにも配慮し、持続可能な漁業生産をしようとしている。
9	単元のまとめ	・ふり返り	坊勢漁協の上西さんに「わかったこととさらに知りたいこと」をメールをしよう。	・水産業は自然環境と深い関わりをもち、水産業に携わる人々の工夫や努力によって営まれている。 ・水産業はわたしたちの食生活を支えている。

【獲得させたい概念的知識】

水産業に関わる人々は、消費者のニーズにこたえるために、魚のとり方や出荷・運輸方法など、様々な工夫をしている。

水産業に関わる人々は、生産性や品質を高めるよう努力したり新しい方法を試みるなどして、食料生産を支えている。

水産業に関わる人々は、水産資源の回復に対する取り組みに努め、持続可能な水産業を目指している。

⑤「比較」を通して「比較級的な考え方」を捉える

比較には、「比較級的な考え方」もあります。例えば、工業は、農林水産業の仕事に比べると「比較的」（わりあい）自然の制約を受けないですむということなどです。

具体的な事例で説明します。5年生「工業生産と工業地域」の小単元です。この小単元はややもすれば、太平洋ベルトや工業の特徴など、事実的知識を教えるだけの内容となりがちです。そうならないよう、「構想型授業」を行う単元構成にしました。ここでは、「構想型授業」についてはは詳しく触れませんが、簡単に説明すると、**「獲得した概念的知識を活用しながらより豊かな判断（構想）ができる授業」**のことです。次のような流れとなります。

第4時について説明していきます。

ねらいは、

> 内陸で生産されるICチップについて調べることを通して、工業生産も自然条件を利用しながら工夫した生産をしていることを理解することができる。

です。

工業地域が海沿いに多くあることは既習事項です。ここでは、海沿い以外にある工業都市に

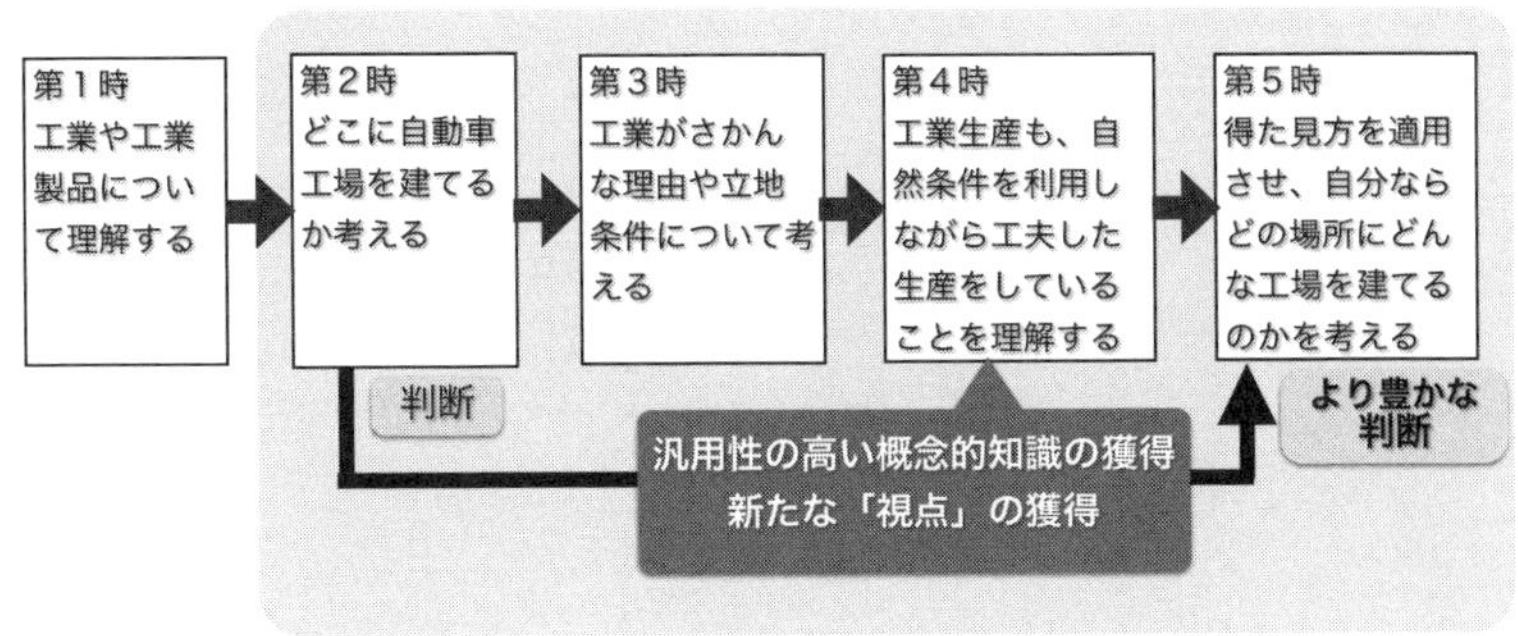
第１時
工業や工業製品について理解する
第２時
どこに自動車工場を建てるか考える
第３時
工業がさかんな理由や立地条件について考える
第４時
工業生産も、自然条件を利用しながら工夫した生産をしていることを理解する
第５時
得た見方を適用させ、自分ならどの場所にどんな工場を建てるのかを考える
判断
汎用性の高い概念的知識の獲得
新たな「視点」の獲得
より豊かな判断

気づかせ、問いをもたせます。内陸で発達している「長野県松本市」に焦点をあてます。

ここから、Ｃ（児童）Ｔ（教師）のやりとりを中心に述べていきます。

まず、「工業都市は海沿いに多い」という既習知識と資料との「ズレ」から「問い」を引き出し、問題意識をもたせます。

Ｃ「あれ、海沿いじゃない工業都市もあるよ」

Ｃ「輸送に困らないのかな」

Ｃ「とても不便そうだね」

Ｃ「工業生産がさかんな地域は海沿いに多いのに、なぜ内陸で工業都市が発達しているのだろう？」

Ｃ「何がつくられているのかが知りたいな」

ＩＣチップの実物を見せることでＩＣの小ささや軽さを理解させ、輸送に便利だということに気づかせます。

C「魚や野菜は飛行機で運ばれることは少なかったけど、ＩＣは小さくて軽いから運びやすいんだね」

C「近くに高速道路や空港があるから運びやすいね」

T「それなら別に海沿いで生産してもいいのではないですか」

ゆさぶることで、輸送以外の条件にも目を向けさせます。

C「内陸で生産するよさが何かあるんだ」

松本市の写真を見せ、ＩＣの特徴と自然条件を関連づけながら考えさせます。空気がきれいで自然豊かな場所での生産が適していることを捉えさせます。

C「ＩＣはほこりに弱いから空気がきれいな内陸で生産されているんだ」

C「ＩＣの洗浄をするために水が豊富な場所が適しているんだね」

C「内陸は、海岸のように潮風がないのでさびにくいんだね」

C「工業生産も、自然条件をいかしているものがあるんだ」

C「自然をいかしているという点は、海津市や沖縄、農業の時にも学習したね」

C「工業にも自然条件がいかされているのは意外だったな」

これら自然条件の利用については以前に学習しています。例えば、低い土地やあたたかい土地のくらしの学習を通して「人は地形や気候などの自然条件に合わせて工夫した生活をしてい

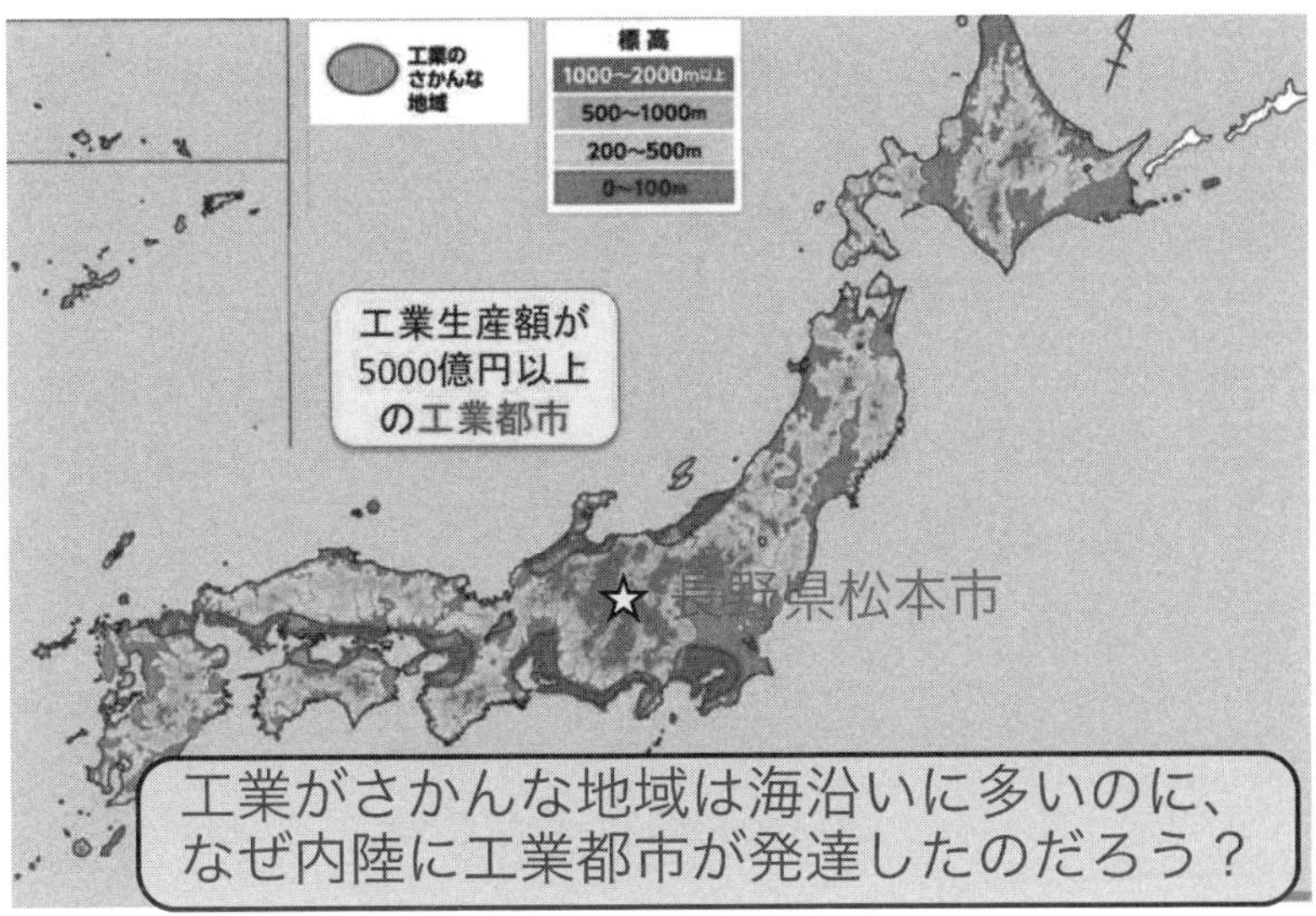
工業の
さかんな
地域
標高
1000~2000m以上
500~1000m
200~500m
0~100m
工業生産額が
5000億円以上
の工業都市
長野県松本市
工業がさかんな地域は海沿いに多いのに、
なぜ内陸に工業都市が発達したのだろう？

る」という見方です。農業でも、水産業でも、そして工業においてもつながりがあることを実感させることができます。このように、**獲得した概念的知識を繰り返し適用することで、さらに概念的知識が豊かになっていく**のです。

さて、このようにして、工業生産も自然条件をいかした生産が行われていることを理解することができました。ここでさらに比較を加えてみます。「確かに、工業生産でも自然条件をいかした生産をしている。でも、農業ほどでもないし、農業に比べて自然の影響を大きく受ける訳でもない」というような**比較級的な思考**に導くこともできます。比較を通して、**大きな差だけでなく、なんとなく違うと言える感覚を身につけること**ができるのです。

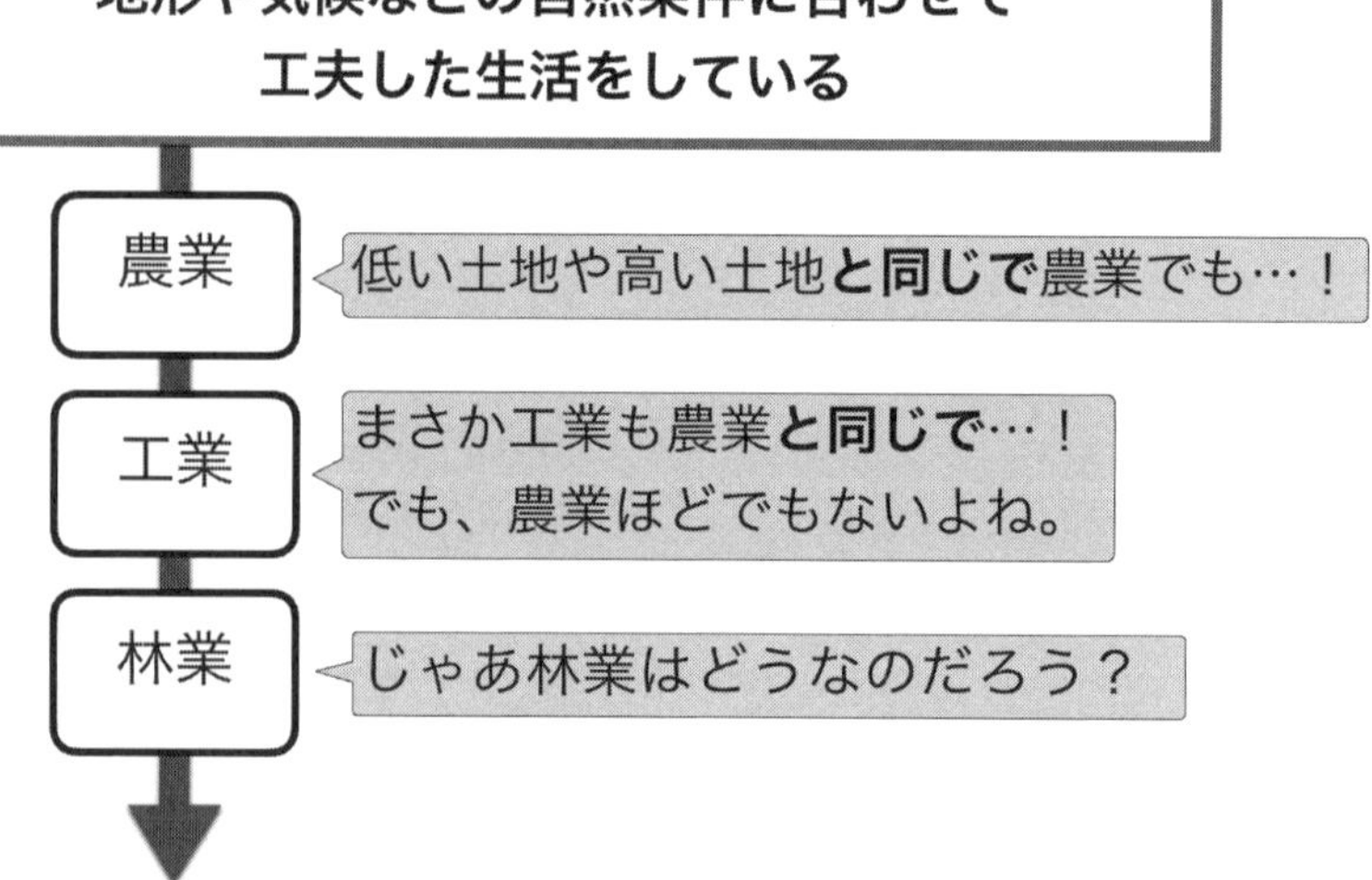
地形や気候などの自然条件に合わせて
工夫した生活をしている
農業
低い土地や高い土地と同じで農業でも…！
工業
まさか工業も農業と同じで…！
でも、農業ほどでもないよね。
林業
じゃあ林業はどうなのだろう？

工業でも自然条件がいかされているのは以外だったな！

ICが作られる理由

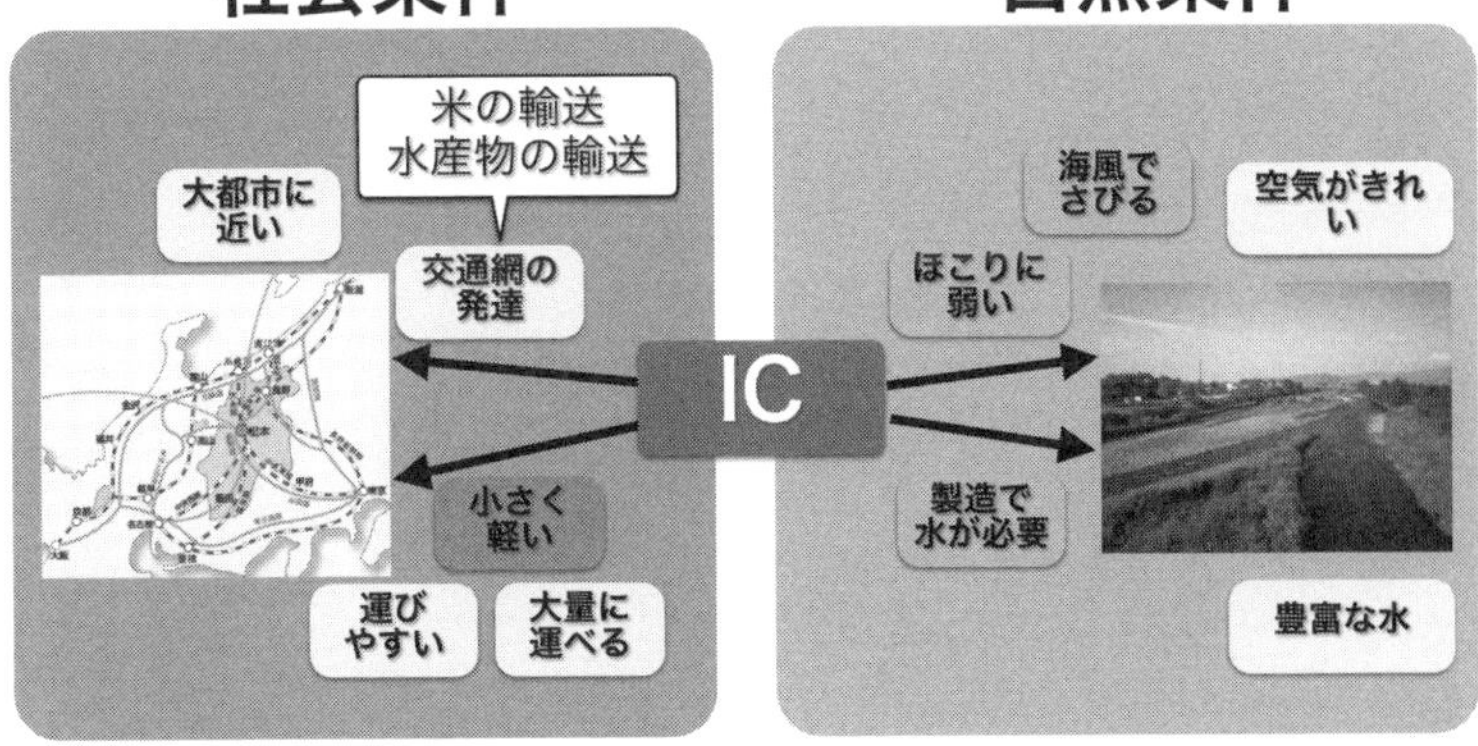

農業や水産業と同じで、工業でも自然条件が生かされている。きっと～でも…。

得た概念的知識をくり返し適用させることがポイントですね！

⑥「比較」を通して歴史をダイナミックに捉える

ここで紹介する実践は、私が所属している研究会『山の麓の会』で開発した教材です。

小学校の歴史学習では、主な事象を手がかりに、大まかな歴史を理解すると共に、関連する先人の業績、優れた文化遺産の働きなどを理解できるようにします。しかし、小学校の歴史学習の発展として、一つの視点から歴史を概観するような、大まかな通史的学習があってもいいのではないかと考えました。そして、中学校での「歴史的な見方・考え方」につながるように「時間的な視点」つまり、「どのように移り変わってきたのか」ということを考える授業を設定しました。

本授業では、時代ごとの「平均身長」を扱います。その時代の平均身長の比較やその推移を見ることで、時代背景や人々の生活様式などに興味をもち、それぞれの時代の特徴がよりよく見えるようになると考えました。また、身長と様々な要因の因果関係を考えることで時代を関連づけて見ることができるようになります。つまり、**身長を見ることを通して「歴史的な見方」を豊かにし、歴史を大きく捉えること**をねらいとしました。

学習活動は、P.125の通りです。

まずはクイズで盛り上げます。どの時代の平

歴史の流れを大局的に捉えられますね。

【学習活動】

1．時代別身長クイズに答え、考えた理由を話し合う。 ・縄文159cm、弥生163cm、江戸153cm、明治155ｃｍ 「時代が新しくなるたびに身長は伸びると思う」 「縄文時代より弥生時代の方が高いんだ」 「狩猟だけでなく、米作りが始まったから弥生時代は縄文より高いと思う」 「文明開化で肉を食べるようになったんだ」 「それまでは仏教の力が強くてあまり肉を食べる文化がなかったんだね」
2．江戸時代の平均身長が低くなった理由を考え発表する。 「並べてみると江戸時代の身長が最も低いことがわかる」 「江戸は戦いのない平和なイメージがあるのにどうして一番低いのだろう」 「身分制度が厳しく、庶民の食事が質素だったからかな」 「災害とかが多く起きたのかな」 「飢饉が何度も起こって食べ物がなくなったんだ」
3． 明治以降の平均身長の変化の中で、身長が落ち込んでいる理由を考え発表する。 「明治以降はどんどん身長が伸びているんだ」 「え、1948年の平均身長がめっちゃ低い」 「戦争があったからだ」 「戦争で食べ物がなくなったんだね」
4．身長から時代背景を読み取ったことをまとめ、身長の他にもないかを考えノートに書く。 「平均身長を調べることで、～がわかる」 ・時代背景・その時代の生活・起こった出来事 「身長の他にも歴史がみえるものがあると思う」 ・トイレ・家・宗教・乗り物・遊び

それぞれの平均身長の比較や推移を通して時代背景や時代に迫ります。

均身長が高そうなのか、低そうなのか、既有知識等を踏まえながら自由に話し合います。答えを伝えると、子どもたちは驚きます。縄文時代が低く、明治時代が高いと予想する子が多いからです。結果からそれぞれの時代の平均身長を比較することで問いが生まれます。「なぜ江戸時代の平均身長が最も低いのだろう?」「縄文時代から弥生時代で平均身長が伸びたのはなぜだろう?」「明治時代で少し高くなったのはなぜだろう?」等です。

子どもたちの問いに合わせて追究していけばよいのですが、最も身長が高かった弥生時代と最も低かった江戸時代に関心が寄せられることが想定されます。最も高い弥生時代と最も低い江戸時代を比較しながら追究していくとよいでしょう。また、最も変化の大きい弥生時代と江戸時代を比較する方法など、比較しながら追究する方法は様々に考えられます。いずれにしても、時代を超えて思考を働かせることになります。狭い範囲での時間的変遷や因果関係のみにとらわれた歴史学習よりも、歴史的な見方を豊かにすることができるのではないでしょうか。

〈クイズ〉

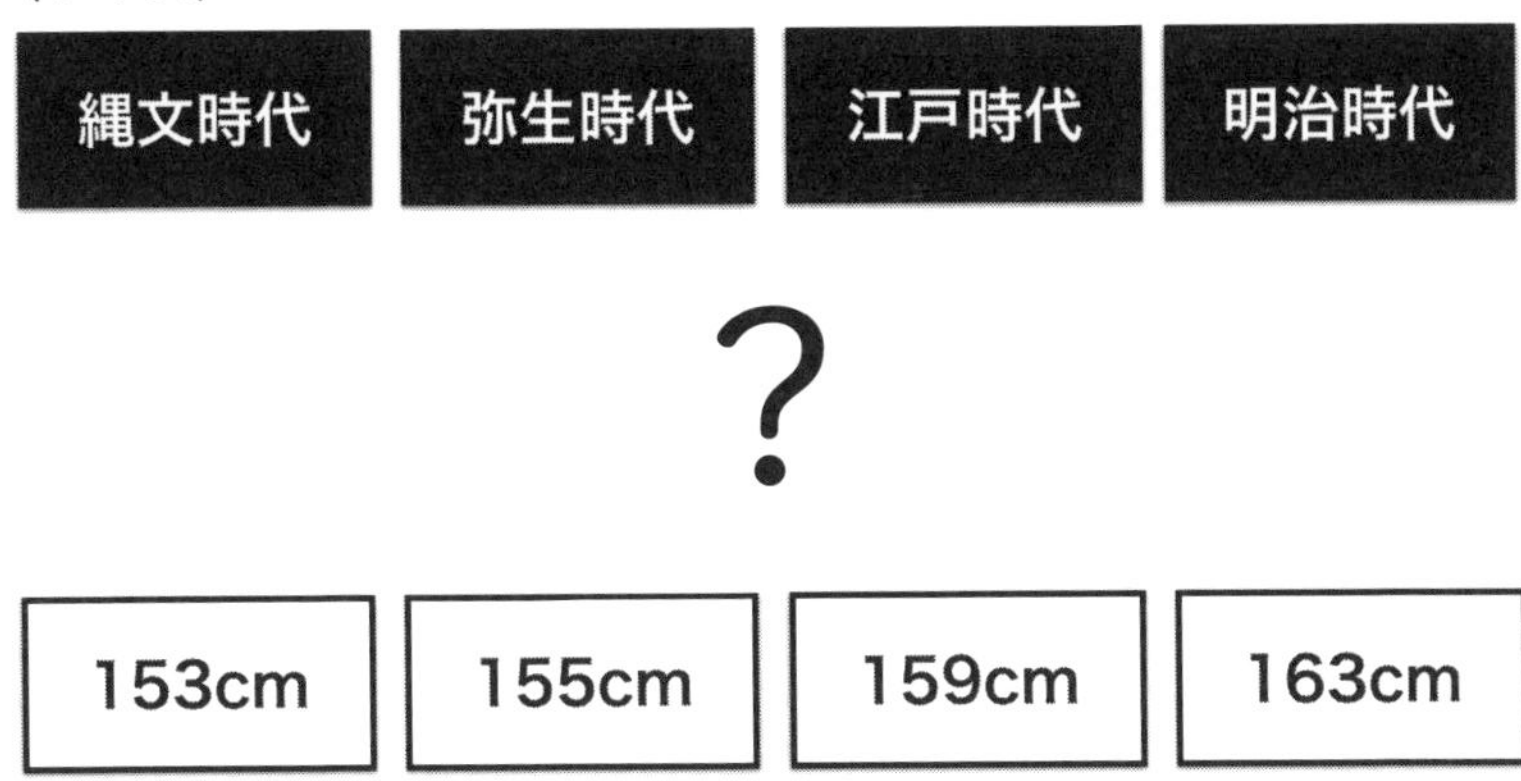
縄文時代
弥生時代
江戸時代
明治時代
?
153cm
155cm
159cm
163cm

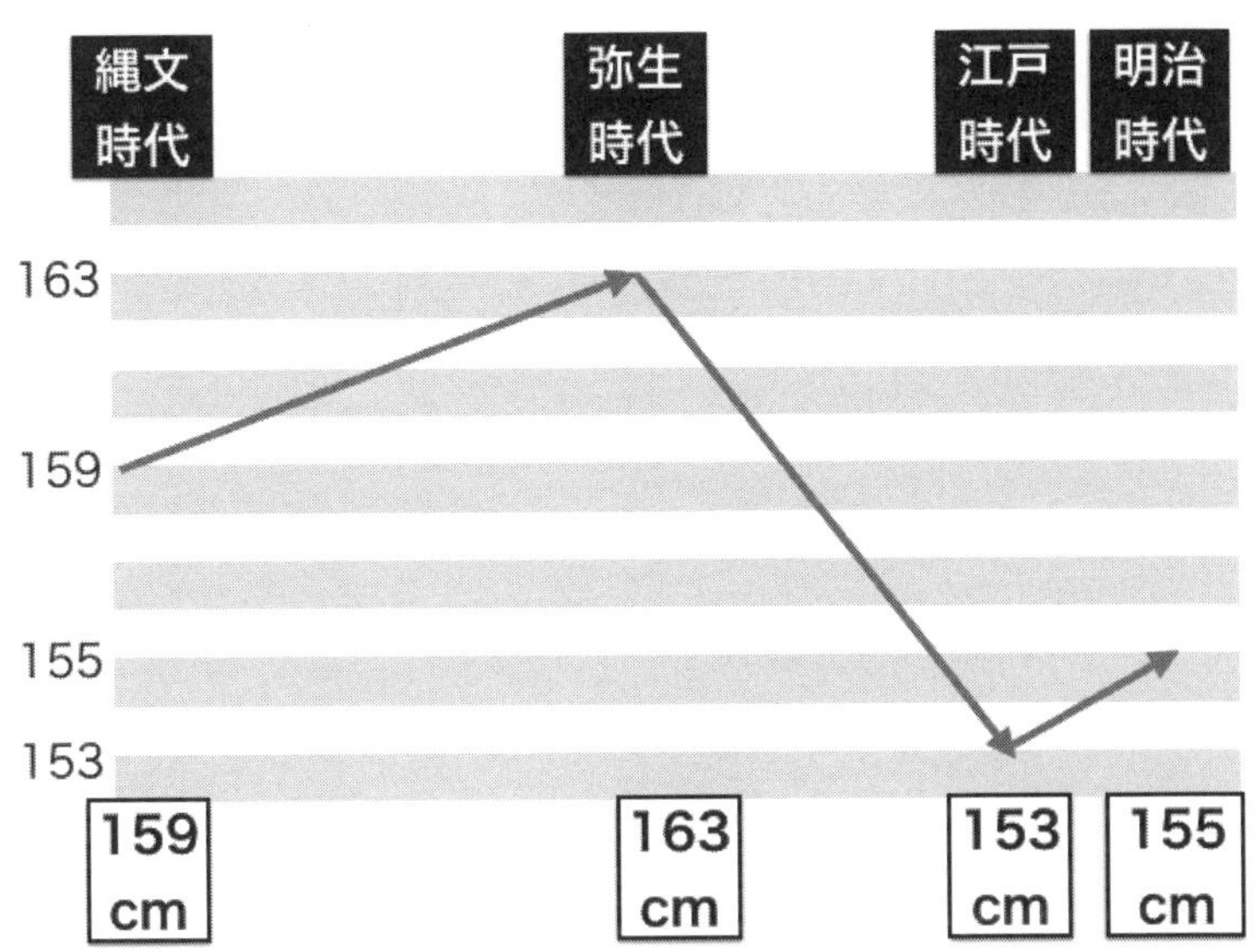
縄文時代
弥生時代
江戸時代
明治時代
163
159
155
153
159cm
163cm
153cm
155cm

ミクロな比較とマクロな比較

社会科授業における比較として、**「概念的知識を獲得するための比較」**と**「概念的知識を豊かにするための比較」**を考えています。それぞれ、**「ミクロな比較」「マクロな比較」**と呼ぶことにします。

具体的知識の比較

ミクロな比較

3年生 野菜と惣菜の配置場所
4年生 縦の信号機と横の信号機
5年生 きゅうりとサンマの輸送
5年生 治水前と治水後の川
6年生 道長と清盛
6年生 水墨画と浮世絵

概念獲得のための手だて（思考法）

概念的知識の比較

マクロな比較

3年生 スーパーと商店街
4年生 消防と警察
5年生 農業と漁業
5年生 低い土地と高い土地
6年生 貴族と武士
6年生 日本文化と外国文化

概念をより豊かにするための手だて（思考法）

①ミクロな比較

「ミクロな比較」は目に見える具体的知識同士の比較です。**概念的知識を獲得するための比較です。**例えば、きゅうりとサンマの輸送方法を比較します。運んでいるものは違うけれど、どちらも「保冷トラックなどで新鮮に届ける工夫をしている」ということは同じです。「同じ」と「違い」がはっきりします。それぞれの社会的事象を際立たせ、そのしくみをよりわかりやすくさせるのです。

下のノートを書いた子は、魚をいけすで育てることとそうでないことを比較することで、いけすで育てて出荷することの「よさ」を捉えています。

いけすで育てた魚の出荷料	いけすで育なかった魚の出荷料
同じぐらいの料で、とても安定している。大きく育ててから売ってるので、安心。	差がはげしくて安定してない。よく売れる時に全くないのはつらい。

〔へ〜！だから坊勢の人は「笑顔」のためにねぇ…〕

５年生「環境を守るわたしたち」では、「琵琶湖」を事例として扱いました。琵琶湖では、工場排水や生活排水が原因で１９７７年に大規模な赤潮が発生します。琵琶湖を守るために主婦層を中心に活動が拡がりました。琵琶湖を汚す合成洗剤を使わないように呼びかける活動「石けん運動」です。熱心な活動の結果、琵琶湖の水質は改善され、様々な環境保護活動が広がりました。それらの事実を捉えさせます。「悪化した環境を改善・保全するための取り組みが人々の努力や協力のもと進められている」という概念的知識を獲得することができます。

琵琶湖の環境が改善され、環境保護活動が様々な形で展開されていることを学習する時に「これって琵琶湖だけが特別なのですよね？」

>>> 環境を守る活動を続ける >>>

人々の活動

水質が改善された川

とゆさぶります。「いや、そんなことない。教科書に似ていることが載っています」と子どもたちは気づきます。そして、教科書に掲載されている京都の鴨川の事例を見るのです。

「昔きれいだった川が汚れる↓どうにかしなければいけないと人々が立ち上がる↓改善される↓環境を守り続ける活動を続ける」と、琵琶湖の事例と活動の流れは同じなのだと気づきます。

そこで、琵琶湖で活躍した藤井さんと、教科書に出てくる鴨川で活躍した杉江さんが会話をするとどのような会話になるのか考えさせます。**同じ想いをもった二人を比較させ、二人の対話を考えさせることで、環境に対して取り組む人々の想いや願いを深めることができます。**

昔きれいだった川

汚れている川

「場所は違うけれど、人々の様々な努力によって環境が改善され守られているんだ。琵琶湖や鴨川の他にも同じような事例があるのかな?」と追究したり、「様々な人ががんばっているんだ。じゃあ私もできることからがんばろう」と意欲をもたせたり、子どもの追究意欲や行動意欲を高めることができます。また、子どもたちが日常生活で似たような事例に出合った時に比べることで「あ、琵琶湖や鴨川と同じように…」と、自分の認識を再確認することもできるのです。

また、P132の歴史学習のノートを書いた子は、〈ふり返り〉中で、「権力者」を比較しています。織田信長と源頼朝でしょうか。藤原道長や足利義満かもしれません。いずれにしても信長と他の権力者を自分の中で比較することを通して、「強い権力をもつ人」に対する概念的知識を構築しています。

「ミクロな比較」は無数にあります。無意識のうちに「ミクロな比較」をしていることはよくあるでしょう。しかし、私たち教師や子どもたちが**意識的に使えるようになると、ものの見方が大きく変わるかもしれません。**P132のノートの子のように、比較を当たり前にすることで、日常的に自分自身で思考を働かせられるようになるのです。

このように、1時間の授業を組み立てる時に、意図的に比較思考を取り入れてみることをおすすめします。

比較することで想いや願いもより伝わります
ね！

藤井さんと杉江さんが会話するとしたら、
どんな会話をするでしょう？

菜の花ネットワーク代表
藤井さん

琵琶湖の水を改善するために…

菜の花プロジェクトでは
廃食油に注目して…

今後も子どもたちの
未来を守るために…

鴨川を美しくする会
杉江さん

うちの鴨川も昔は
ゴミだらけでした…

合同クリーンハイクは
ずっと続けています。…

できることを身のまわりから…

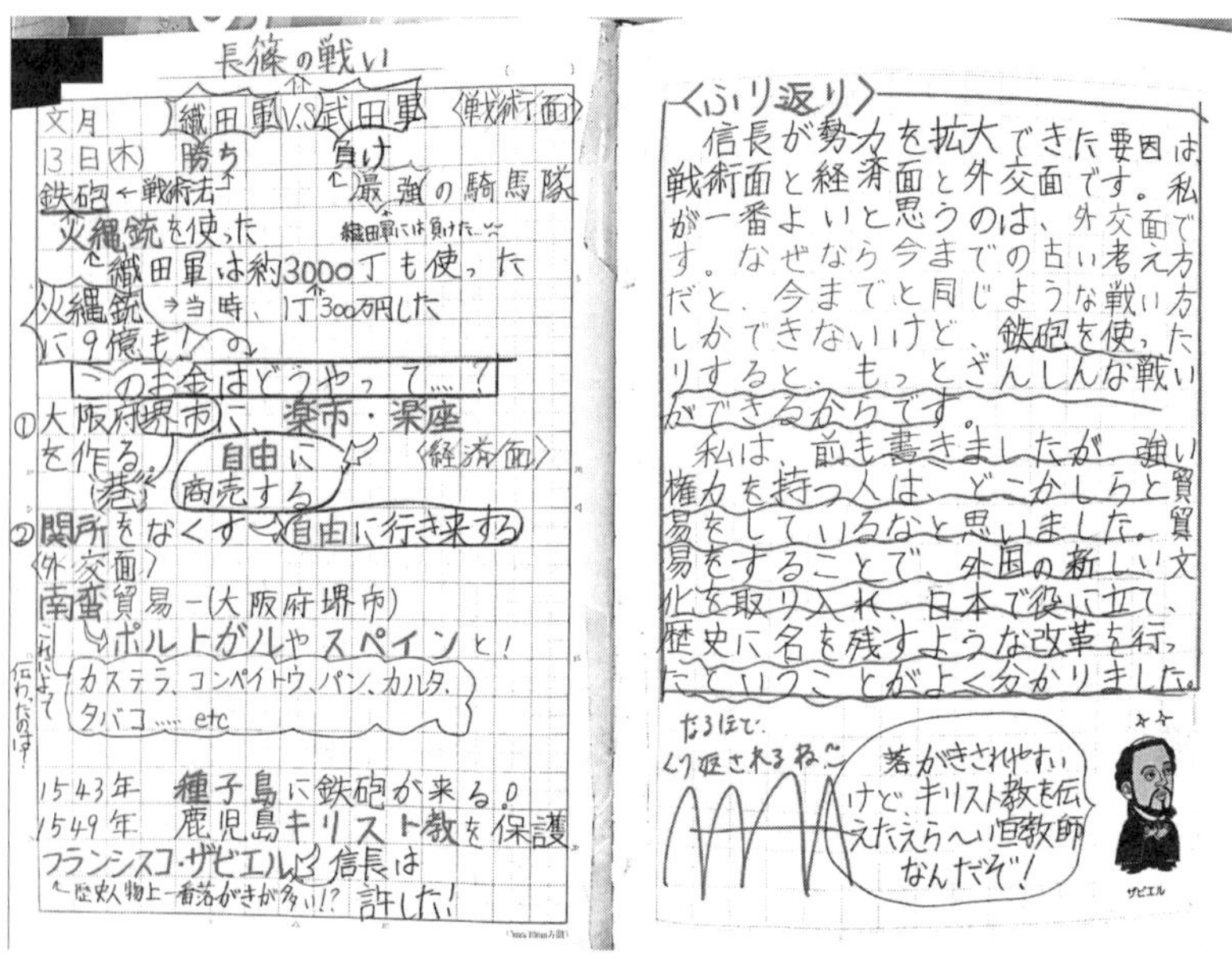

長篠の戦い

文月13日(木)

織田軍 V.S 武田軍 〈戦術面〉

勝ち　負け

鉄砲←戦術去　最強の騎馬隊

火縄銃を使った　織田軍には負けた…

織田軍は約3000丁も使った

火縄銃→当時、1丁300万円した

に9億も！

このお金はどうやって…？

① 大阪府堺市に、楽市・楽座を作る　〈経済面〉

自由に商売する

② 関所をなくす→自由に行き来する

〈外交面〉

南蛮貿易ー(大阪府堺市)

→ポルトガルやスペインと！

カステラ、コンペイトウ、パン、カルタ、タバコ….. etc

これによって伝わったのか！

1543年　種子島に鉄砲が来る。

1549年　鹿児島キリスト教を保護

フランシスコ・ザビエル　信長は許した！

←歴史人物上一番落がきが多い!?

〈ふり返り〉

信長が勢力を拡大できた要因は戦術面と経済面と外交面です。私が一番よいと思うのは、外交面です。なぜなら今までの古い考え方だと、今までと同じような戦い方しかできないけど、鉄砲を使ったりすると、もっとざんしんな戦いができるからです。

私は、前も書きましたが強い権力を持つ人は、どこかしらと貿易をしているなと思いました。貿易をすることで、外国の新しい文化を取り入れ、日本で役に立て、歴史に名を残すような改革を行ったということがよく分かりました。

なるほど。くり返されるねー

落がきされやすいけど、キリスト教を伝えたえら〜い宣教師なんだぞ！

ザビエル

②マクロな比較

「マクロな比較」は概念的知識同士の比較です。概念的知識をより豊かにするための比較です。

5年生の「さまざまな土地のくらし」の単元で、低い土地と高い土地を比較します。比較することで、相違点と共通点が見つかります。次頁①のノートには「土地条件を生かし、－（マイナス）を＋（プラス）に変えている」と書かれています。比較することでより明確になり、理解の抽象度が一気に上がります。より豊かに物事が見られるようになるのです。

また、次ページ②の〈ふり返り〉は、他の場所もきっとそうだという発展的な考え方ができるようになっています。

③の〈ふり返り〉は、特色ある地域を学習することで、自分たちの地域にも意識が向くようになっています。

比較の思考を繰り返し、何度も重ねて考えることで、より豊かな見方を獲得することができるのです。

④のノートは、5年生の学習を1年間行い、それぞれの産業を比較し、関連づけたものです。

「持続可能」という軸をもとに、それぞれの産業を比べています。その中から持続可能につ

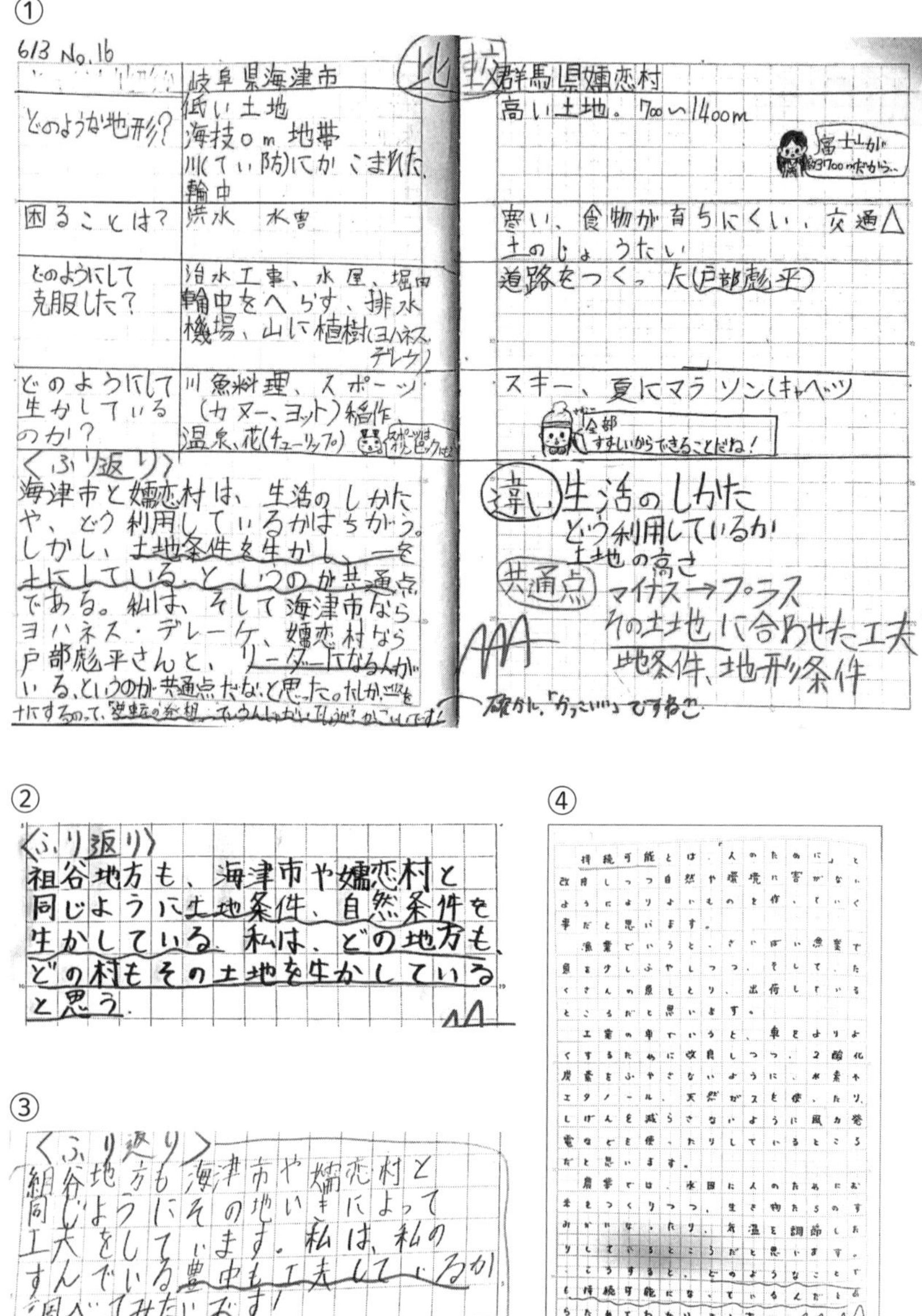
①

6/3 No.16

	岐阜県海津市	群馬県嬬恋村
どのような地形？	低い土地 海抜0m地帯 川(ていぼう)にかこまれた輪中	高い土地。700～1400m
困ることは？	洪水　水害	寒い、食物が育ちにくい、交通△ 土のじょうたい
どのようにして克服した？	治水工事、水屋、堀田 輪中をへらす、排水機場、山に植樹(ヨハネス・デレーケ)	道路をつくった(戸部彪平)
どのようにして生かしているのか？	川魚料理、スポーツ(カヌー、ヨット)稲作、温泉、花(チューリップ)	スキー、夏にマラソン(キャベツ

〈ふり返り〉

海津市と嬬恋村は、生活のしかたや、どう利用しているかはちがう。しかし、土地条件を生かし、一久土にしている、というのが共通点である。私は、そして海津市ならヨハネス・デレーケ、嬬恋村なら戸部彪平さんと、リーダーになる人がいる、というのが共通点だなと思った。

違い　生活のしかた
どう利用しているか
土地の高さ
共通点　マイナス→プラス
その土地に合わせた工夫
土地条件、地形条件

②

〈ふり返り〉

祖谷地方も、海津市や嬬恋村と同じように土地条件、自然条件を生かしている。私は、どの地方も、どの村もその土地を生かしていると思う。

③

〈ふり返り〉

祖谷地方も海津市や嬬恋村と同じようにその地いきによって工夫をしています。私は、私のすんでいる豊中も工夫しているか調べてみたいです！

④

持続可能とは、「人のために」と改良しつつ自然や環境に害がないようによりよいものを作っていく事だと思います。

漁業でいうと、さいばい漁業で魚を少しふやしつつ、そして、たくさんの魚をとり、出荷しているところだと思います。

工業の車でいうと、車をよりよくするために改良しつつ、2酸化炭素をふやさないように、水素やエタノール、天然ガスを使ったり、しげんを減らさないように風力発電などを使ったりしているところだと思います。

農業では、水田に人のためにお米をつくりつつ、生き物たちのすみかになったり、気温を調節したりしているところだと思います。

こうすると、どのようなことでも持続可能になっているんだとあらためてわかりました。

ながる取り組みを抽出し、価値づけています。そうすることで、「持続可能」という言葉の意味理解を深めることができました。

3年生では、自分たちの市について学習します。3年生の子どもたちにとって、土地の様子の捉え方は漠然としています。他の地域も自分たちの土地と同じだという子もいるでしょう。土地概念は十分に形成されていません。

そこで、自分たちの市の学習を終えた後に、**教科書の事例と比較をする**のです。自分の市と他の市（教科書の事例）を比較することで自分たちの市への関心を高めることができます。自分の市の特色を見つけ、土地利用の概念をさらに深めることができます。また、得た概念をさらに他の事例にも転移させようとします。転移させることで概念を深め、広げることができるのです。

3年生 社会科「わたしたちの市のようす」

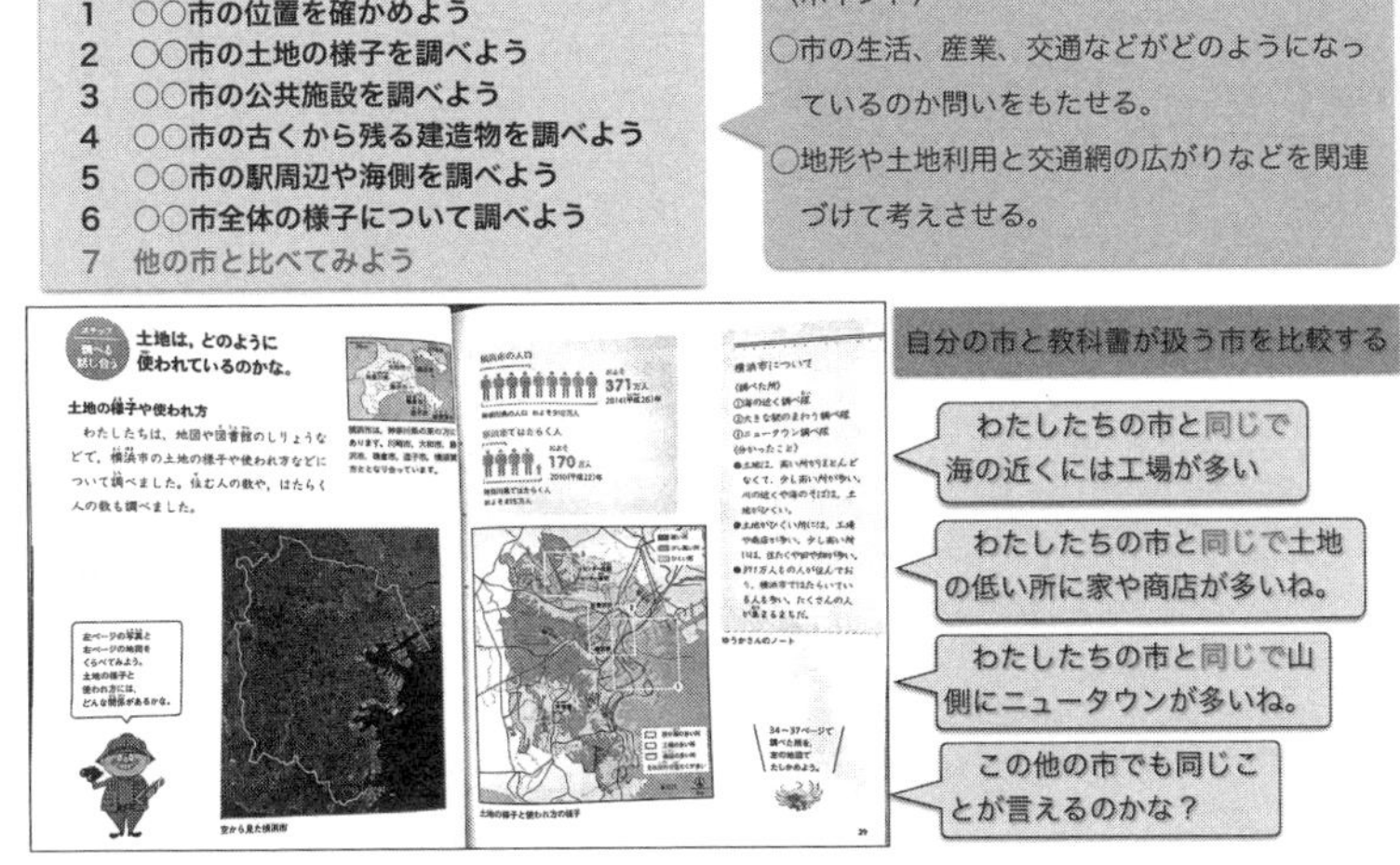

【単元計画】
1　○○市の位置を確かめよう
2　○○市の土地の様子を調べよう
3　○○市の公共施設を調べよう
4　○○市の古くから残る建造物を調べよう
5　○○市の駅周辺や海側を調べよう
6　○○市全体の様子について調べよう
7　他の市と比べてみよう
〈ポイント〉
○市の生活、産業、交通などがどのようになっているのか問いをもたせる。
○地形や土地利用と交通網の広がりなどを関連づけて考えさせる。
土地は，どのように使われているのかな。
土地の様子や使われ方
自分の市と教科書が扱う市を比較する
わたしたちの市と同じで海の近くには工場が多い
わたしたちの市と同じで土地の低い所に家や商店が多いね。
わたしたちの市と同じで山側にニュータウンが多いね。
この他の市でも同じことが言えるのかな？

比較でまとめる

比較を中心にまとめの活動を行うこともできます。例えば次ページ①のものは「パンフレットづくり」。よくあるまとめの活動の形だと思います。その他、新聞にしたり、模造紙にまとめたり…様々な形があります。大切なことは、何のためにまとめの活動を行っているかということです。ここでは、比較をすることで、より抽象度の高い概念的知識の獲得と定着をねらいました。

②は3年生の消防と警察の単元の終末で「キャッチコピーづくり」のまとめ活動を行いました。二つに共通したキャッチコピーを考えさせるために二つを比較しました。

③のリーフレットは、4年生「特色のある地域」の学習のまとめとして作成しました。それぞれ3つの地域を比較し、その違い、それぞれのよさを把握するためです。その上で、自分たちの県のよさを人に伝えることを目的としてのリーフレットづくりです。「目的なくしてまとめの活動なし」です。

①

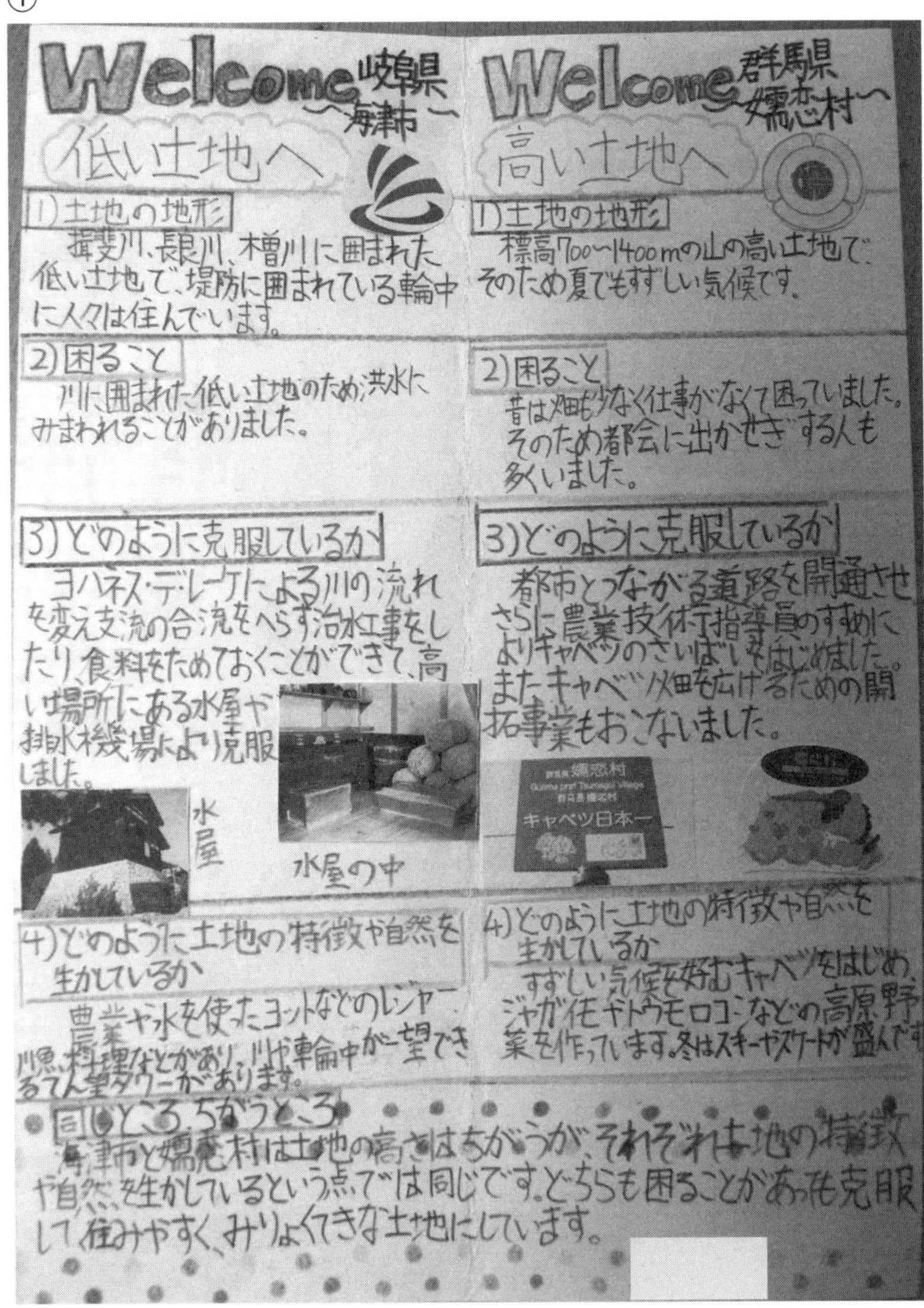
Welcome 岐阜県 〜海津市〜
低い土地へ
1)土地の地形
揖斐川、長良川、木曽川に囲まれた低い土地で、堤防に囲まれている輪中に人々は住んでいます。
2)困ること
川に囲まれた低い土地のため洪水にみまわれることがありました。
3)どのように克服しているか
ヨハネス・デ・レーケによる川の流れを変え支流の合流をへらす治水工事をしたり、食料をためておくことができて、高い場所にある水屋や排水機場により克服しました。
水屋
水屋の中
4)どのように土地の特徴や自然を生かしているか
農業や水を使ったヨットなどのレジャー、川魚料理などがあり、川や輪中が一望できるてん望タワーがあります。

Welcome 群馬県 〜嬬恋村〜

高い土地へ
1)土地の地形
標高700〜1400mの山の高い土地で、そのため夏でもすずしい気候です。
2)困ること
昔は畑も少なく仕事がなくて困っていました。そのため都会に出かせぎする人も多くいました。
3)どのように克服しているか
都市とつながる道路を開通させさらに農業技術指導員のすすめによりキャベツのさいばいをはじめました。またキャベツ畑を広げるための開拓事業もおこないました。
嬬恋村
キャベツ日本一
4)どのように土地の特徴や自然を生かしているか
すずしい気候を好むキャベツをはじめ、ジャガイモやトウモロコシなどの高原野菜を作っています。冬はスキーやスケートが盛んです。
同じところ、ちがうところ
海津市と嬬恋村は土地の高さはちがうが、それぞれ土地の特徴や自然を生かしているという点では同じです。どちらも困ることがあっても克服して、住みやすく、みりょくてきな土地にしています。

②

▶キャッチコピーづくり
▶安全なくらしを守る仕組みの関係図づくり
▶安全マップづくり
▶ポスターづくり
▶パンフレットづくり

ねらいによってかわる

まとめ方についても見通しを立てておく

③

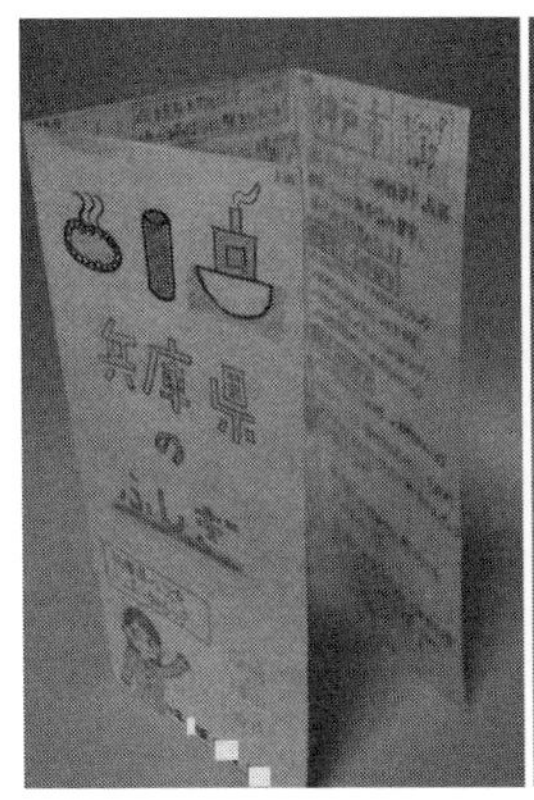
兵庫県の

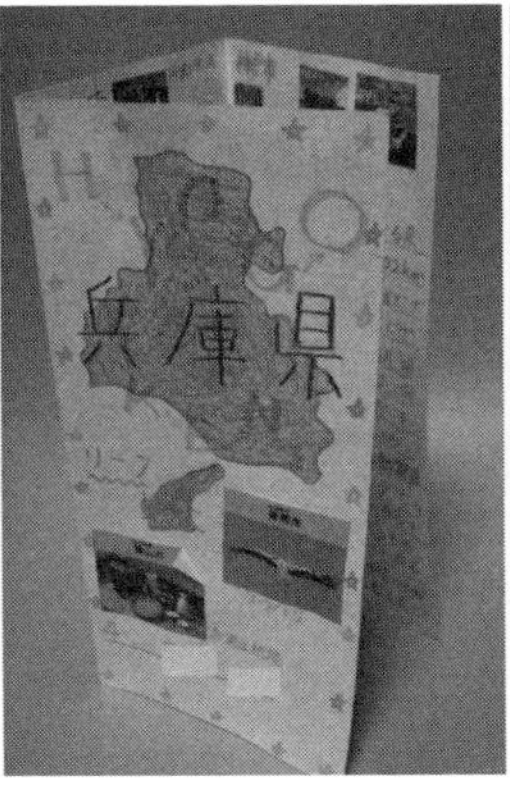
兵庫県

兵庫県
神戸市

豊岡市　　　　　篠山市　　　　　神戸市

城崎駅
～神戸市　Hyogoリーフレット
まずは、神戸の姉妹・友好都市
シアトル（アメリカ）
マルセイユ（フランス）
天津（中国）
ブリスベン（オーストラリア）
バルセロナ（スペイン）
神戸のイチオシ☆スイーツ
神戸市のとりくみ
Ⅰ相互利益型の都市間交流を推進する
Ⅱこうか的な海外へのシティプロモーションを推進する
Ⅲ国さい展開を支える人材を育成する
～おわりに～へGO

方法知としての比較

①追究の視点

〈方法の転移〉

子どもたちが「比較」の思考を使うようになると、そこから様々な視点で見られるようになります。例えば、「メリット・デメリット」視点や「共通点」視点などです。私は**「追究の視点」**と呼んでいます。子どもたちがこのような**「追究の視点」を獲得すると、より豊かに物事を見られるようになってきます。**

左の資料は子どもたちの自主学習ノート（本

学級では「追究ノート」と呼ぶ）です。このように、社会科で獲得した見方が、社会科の学習以外でも物事を追究する際の視点にもなっています。

つまり、**比較の方法が転移する**のです。これは、今まで述べてきた内容知に対して方法知としての考え方です。子どもたちが**比較の「思考法」を自分のものにして、どんどんと使いこなせるようになる**ということです。自然と内面的

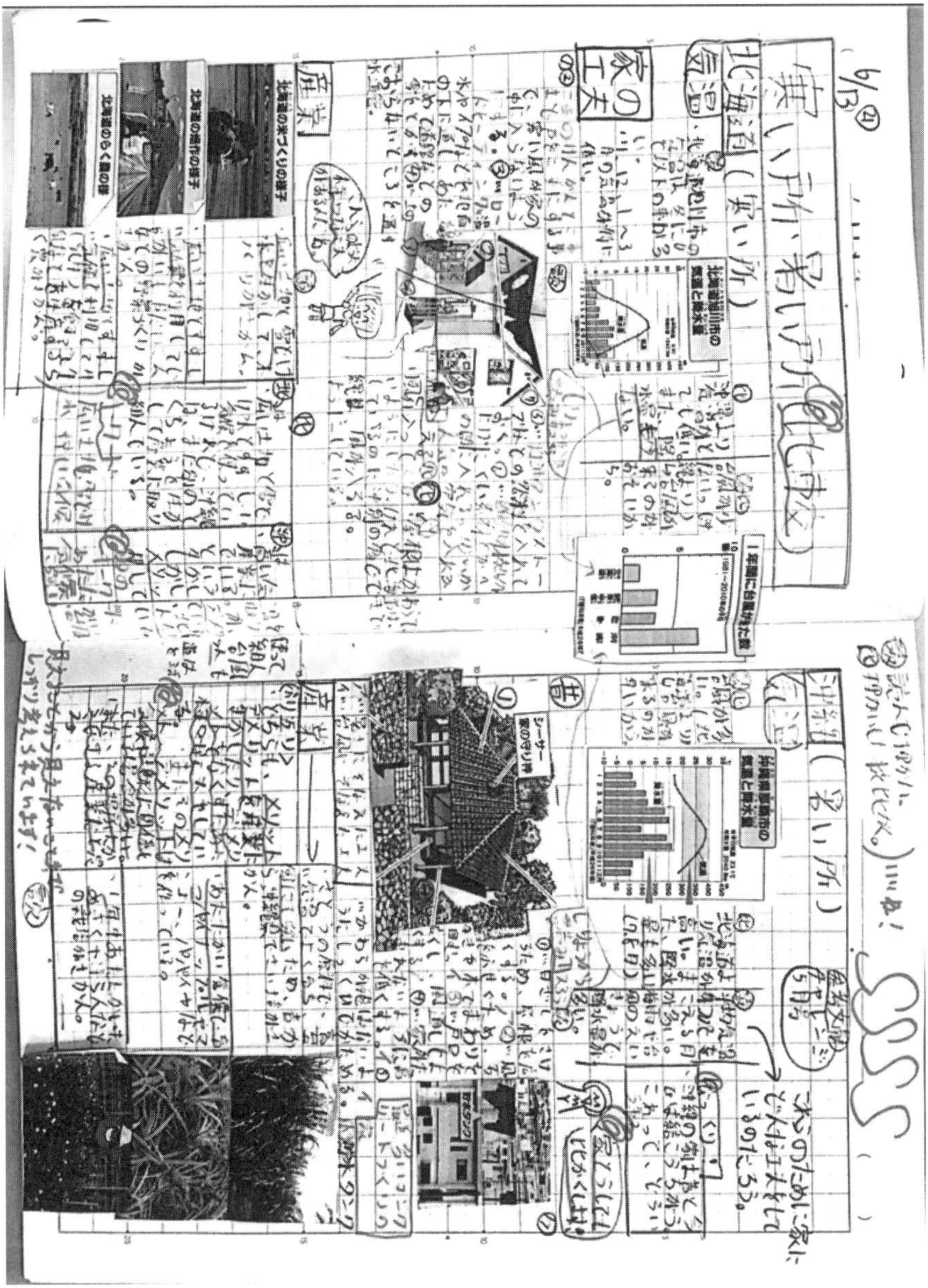
北海道の米づくりの様子
北海道の畑作の様子
北海道のらく農の様子
北海道旭川市の気温と降水量
1年間に台風が接近した数
沖縄県那覇市の気温と降水量
シーサー
家の守り神

な比較思考が働き、常に比較の眼をもつことで、豊かに物事が見られるようになります。

〈追究ノート〉

「追究ノート」について、少しだけ紹介しておきます。まずは、「追究ノート」をはじめる前に、教師が次のことを前提として把握しておきます。

1 「追究ノート」をはじめる前に

○何のための「追究ノート」なのかを明確にもつ。

(例)

・主体的に学ぶ態度を養うため。
・「追究の視点」を獲得し、より豊かに物事を見られるようにするため。
・「問い」を見つけ、問題解決のためのプロセスを学ぶため。
・調べたことを構成して表現する力を養うため。

○まずは質よりも量だと伝える。
○過去のものを紹介する。「憧れ」を抱かせる。
○必ず評価、コメントをする。
○必ず掲示をする。
○全体で紹介し、価値づけする。
○持続可能な形で行う。(2週間に1回程度)。
○追究ウォーク(人の「追究ノート」を見て回り、付箋によさを書いて貼る)をし、相互評価をさせる。
○コピーした追究ノートをファイルしてストックしていく。

2　「追究ノート」の書き方

○「日付」「No」「調べたきっかけ」「参考文献」「ふり返り」を必ず書く。
○「追究の視点」を入れ、使えるようにする。
○題名、見出し、小見出しをつける
○文字や線も工夫する。
○「自分の言葉」で書く。
○イラストや図、写真も有効に使う。
○クイズや問題を入れてもいい。

3　追究方法の視点

子どもたちが追究ノートを書いていく中で見つけた「追究方法の視点」をどんどん集めて紹介していきます。そうすることで、追究の視点が広がっていきます。以下は、子どもたちが発見した追究の視点の一例です。

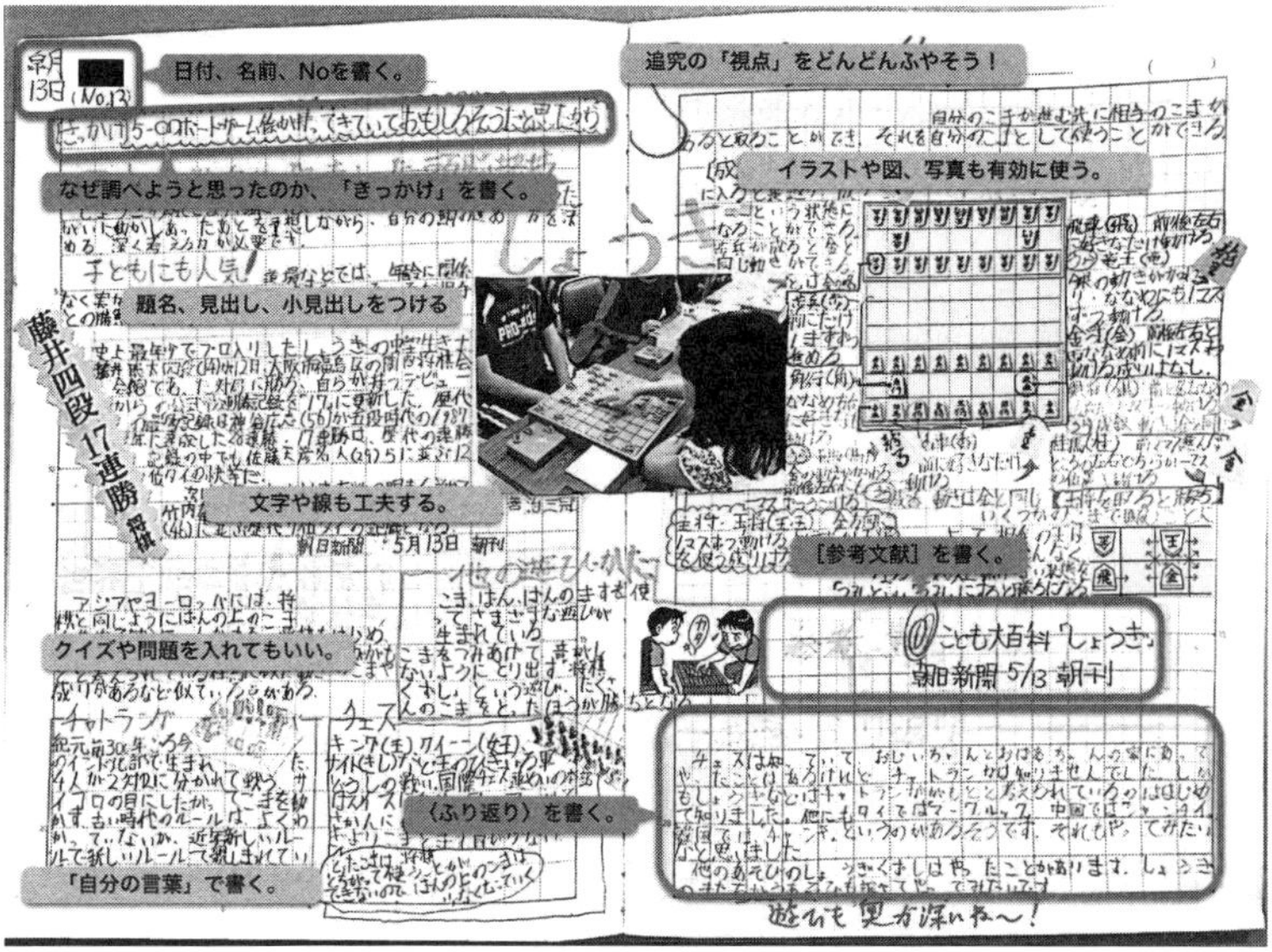

4 保護者にも伝える

学級通信などを通じて、活動の目的や内容を保護者へ伝えることも大切です。保護者が子どもたちの「追究」のパートナーとなってくれればこれほど力強いものはありません。

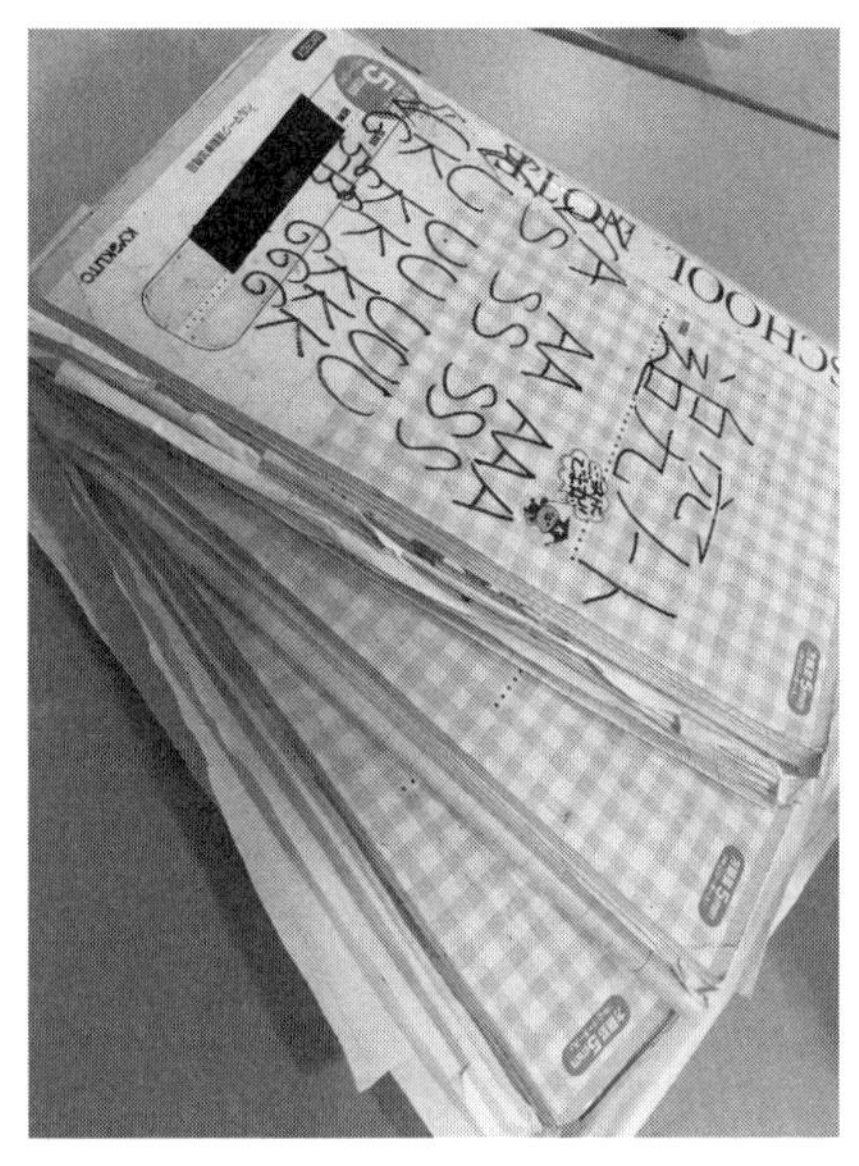

追究方法の視点（例）

- 比較する　・共通点を探す　・違いを見つける
- 分類する　・ミクロとマクロで見る
- 似ていて違うものを探す　・シリーズもの（歴史など）にする
- 関連づける　・引き寄せる（自分の学級に、自分の生活等）
- つなげる（以前学習したこと、友だちの考え）
- メリット・デメリットを見つける　・価値判断をする
- 表にまとめる　・一番ビックリしたことを書く
- 自分なりの予想をたてる　・逆のパターン（裏側）を考える
- さらに新しい「？」をつくる　・ベストとベタ
- イメージマップをつくる　・「なぜ？」を繰り返す
- 図解する　・焦点をあてる　・少し離れてみる
- ワクワク・ドキドキを探す　・「？」を書きなぐる
- 箇条書きにする

2017年度 関西学院初等部
５年B組 学級通信
No. 9 2017. 7.13 (木)

視点を増やす＝豊かな見方ができる

もうすぐ１学期も終えようとしています。

子どもたちががんばったことのひとつに「追究ノート」があります。

それぞれの子が、それぞれのやり方で続けてきました。

この子たちの「よさ」は友達のよさを素直に受け入れるところです。『いいところはいい』と、どんどん真似ます。学ぶは真似る。その文化がある教室はどんどん伸びます。

まずは「量」です。書ける、ということを体感できたと思います。それから「質」に変わってきます。質の変化は「視点」が増えることと言ってもいいでしょう。

子どもたち自身が発見した追究方法の視点は、例えば以下のようなものがあります。

「比較する」「共通点を探す」「関連付ける」「マクロとミクロでみる」「似ていて違うものを探す」「シリーズものにする」「引き寄せる（自分の生活に）（自分の学級に）」「つなげる（以前学習したこと、友だちの考え）」「メリット・デメリットをみつける」「価値判断をする」「表にまとめる」「一番驚いたことを書く」「自分なりの予想を立てる」「逆のパターンを考える」「あたらしい「？｝をつくる」などです。

その都度全員に紹介してよさを広げています。きっとこれからどんどん新たな「視点」も増えていくでしょう。視点が増えればそれだけ豊かに物事をみることができるようになります。

豊かな見方を手に入れれば、豊かな生活を送ることができます。大げさかもしれませんが、豊かな見方を得ることは、人生を豊かにするものだと考えています。

さて、追究ノートを通して、子どもたちは豊かな見方を手に入れることができました。手に入れた見方を普段から「使うこと」が大切です。様々な場面で生かしてほしいと思っています。夏休み中の自由研究や追究が楽しみです。「ホンモノの力」を身につけてほしいです。

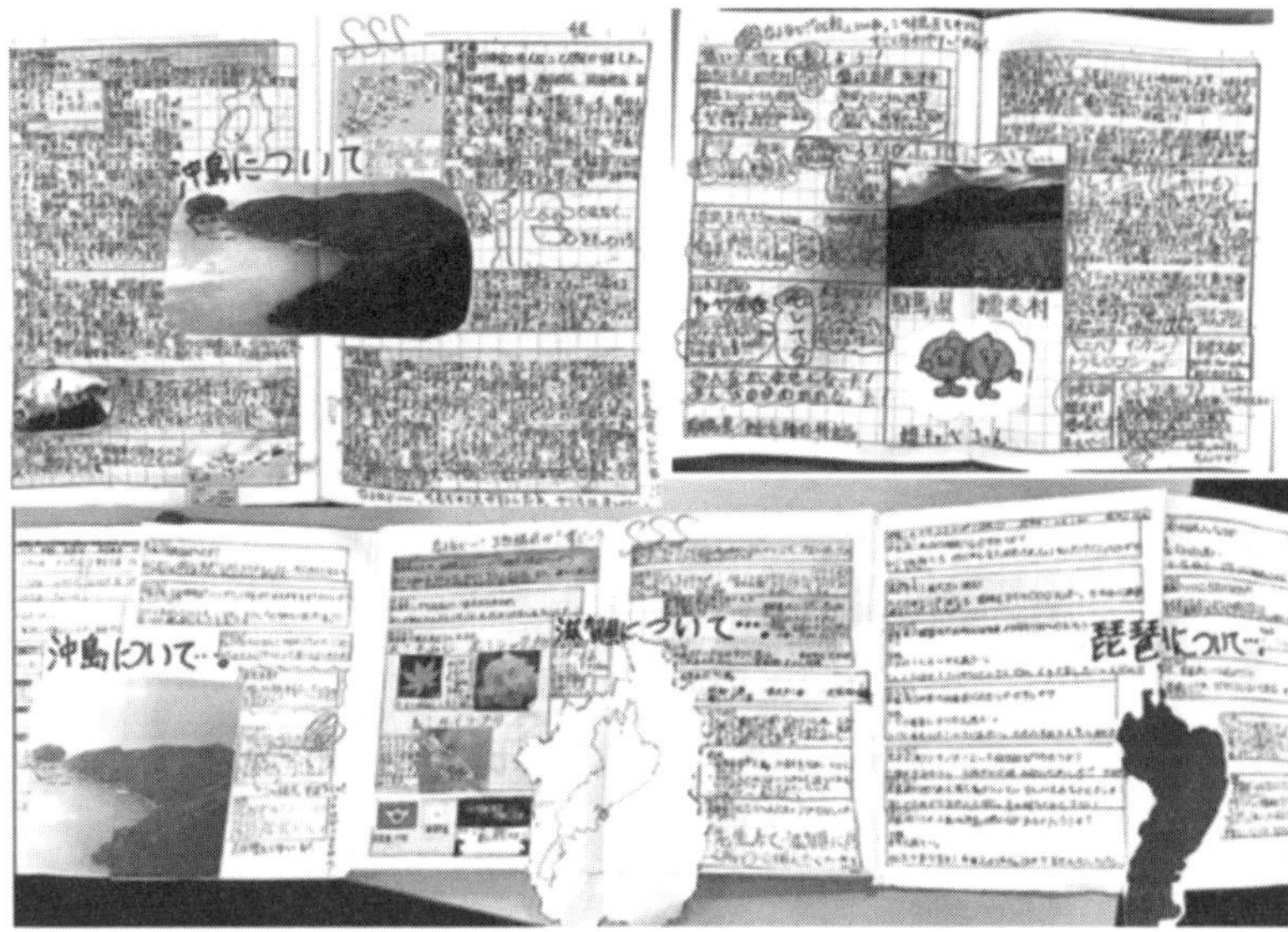

5　追究ノートを1年間続けた子どもの言葉

○「4月から僕の『追究』もすごく成長してると思います。6年生になっても『追究』で手にした「書く力」を活用していきたいです」

○「『追究』はいろいろな新しいことを教えてくれるので勉強にもなります。僕は追究する意味を理解してやったらいいものができると思います。僕は今までの『追究』はきっかけをもってやっていたからその意味がわかるとすごく嬉しいし、達成感があって追究をやってよかったと思います。僕は『追究』にいつも自分の気持ちを書いています。そのほうがもっと楽しいからです。これからも楽しく『追究』をやっていいものをつくり、新しい『視点』を見つけていきたいです。これから

〈ふり返り〉
今回は、日本の歴史についてやったけど、日本の歴史といえば武志や戦争などだけど、人類の誕生もいちお歴史だから調べました。この見ると追究はいろいろな新しいことを教えてくれるので勉強にもなります。ぼくは追究のする意味を理解してやったらいいものができると思います。ぼくはいままでの追究はきっかけをもってやっていたからその意味がわかると、すごくうれしいし、達成感があって追究をやってよかったと思います。ぼくは追究にいつも自分の気持ちをかいています。そのほうがもっとたのしいからです。これからも楽しく追究をやっていっていいものを作り新しい視点を見つけていきたいです。これからも深く調べていきたいです。

大セツ！

6年になっても、中学、高校…大人になっても、追究人であってね!!

も深く調べていきたいです。」

○「今までは僕の成長を書いていたけど、みんなもよりよくなっていって協力追究などいろいろ『追究の技』を見つけて、それもみんな真似してどんどん広まっていきました。『追究』は謎を解決すると新しい謎が生まれていきます。それはとってもいいものでした。やっていること一つひとつに意味がありました。その意味が理解できることでいろいろな自立性がありました。僕は『未来をがんばるために今を頑張っている』と思います。僕が目指すのは『未来の幸せ』です。そのためにがんばっていきたいです。」

このように、一生使える「力」として持ち続けてほしいものです。

「追究」するための「間」をとることも大切です。（1、2週間程度）

②教材研究の視点

教師が教材研究をする際の視点としての「比較」について説明していきます。

例えば、次の表は3年生「私たちの市」の教科書を比較してそれぞれ扱われている事例を比較したものです。

扱っている事例地はそれぞれ違います。日本文教出版のみが古い建物を扱ったり、逆に新しい住宅地の記載が無かったりします。共通してどの教科書も駅周辺の様子や海の近くの様子、自然環境等が記載されています。

比較することで各教科書の共通点や相違点、傾向などがわかり、中心的に扱うべき内容もよく見えるようになります。また、どの事例を扱えば授業がしやすくなるのかを考えて選択することができます。それを自分たちの市の事例と照らし合わせることで扱うべき事例のイメージを豊かにできるようになるのではないでしょうか。

教科書	市	駅周辺	海の近く	新しい住宅街	田畑	山	古い建物	まとめ方
東京書籍 22p	宮城県 仙台市	仙台駅 商店街 城下町 高いビル 公共施設	仙台港 港 工場 高速道路	泉パークタウン ショッピングセンター 公共施設	名取川 田畑	秋保（あきう）温泉 森林 温泉		市の紹介 地図 地域のようすを表にしてまとめる
日本文教出版 22p	兵庫県 姫路市	姫路駅 商店街 交通の便 高い建物	姫路港 広い工場		舟津町 市川 ため池 農業	森林 住宅少ない 自然とのふれあい	姫路城 けんか祭 書写山 円教寺	ガイドマップ
教育出版 24p	神奈川県 横浜市	横浜駅 県庁、博物館 鉄道 公共施設	鶴見川から 工場 運河 発電所	港北ニュータウン ショッピングセンター	鶴見川 上流 中流 下流	緑多い 舞岡公園 海から離れた		ポスターセッション グループ発表
光村図書出版 12p	神奈川県 横浜市	横浜駅 新横浜駅 総合競技場	横浜港 工場の多い所	ニュータウンセンター南駅				ガイドマップ

※平成27年度版

一覧にするとわかりやすいですね！

の事例　教科書比較

	文化 新聞社を興すなど文化を広めた人	産業 地域の農業・漁業・工業などの産業の発展に尽くした人
	島根県松江市 松江城の保護 高城権八、勝部本右衛門栄忠、勝部本右衛門景浜	佐賀県佐賀市有明海 のりの養殖 江頭杉太郎
	和歌山県田辺市 自然を守る運動 南方熊楠 神島	高知県香南市 手結港を開いた野中兼山 可動橋
	沖縄県那覇市 伊波普猷 沖縄学の父	北海道北広島市 中山久蔵 寒い土地でも育つ『赤毛種』の開発

左の表は、4年生「郷土の伝統・文化と先人」の教科書を比較して作ったものです。

どの教科書も、「開発」「教育」「医療」「文化」「産業」それぞれの分野の人物を掲載しています。しかし、大きく頁をさいて扱われているのは「開発」分野の人物です。事例として「開発」分野の人物が扱いやすいということがわかります。実際、P153の図のような調査も過去に行われています。

４年生 社会科「郷土の伝統文化と先人」

事例 教科書	開発 用水路の開削や堤防の改修、砂防ダムの建設、農地の開拓などを行って地域を興した人	教育 藩校や私塾などを設けて地域の教育を発展させた人	医療 新しい医療技等を開発したり病院を設立したりして医学の進歩に貢献した人	
東京書籍 22p	「谷に囲まれた大地に水を引く」 （開発）熊本県山都町白糸台地にある通潤橋をつくる。 布田保之助（ふたやすのすけ）	京都府京都市 京都市民 日本で初めての学区制の小学校	和歌山県紀の川市 華岡青洲 世界初の全身ますいによる乳がん手術	
日本文教出版 22p	「原野に水を引く」（開発）栃木 県那須塩原市にある那須疎水をつくる。 印南丈作（いんなみじょうさく） 矢板武（やいたたけし）	神奈川県小田原市 農村の立て直し 二宮金次郎	北海道せたな町 日本の女医第一号 荻野吟子	
教育出版 24p	「用水を引く」（開発） 埼玉県さいたま市の見沼新田に用水路を引く。 井沢弥惣兵衛（いざわやそべえ）	神奈川県藤沢市 小笠原東陽 耕余塾	杉浦健造、杉浦三郎 地域の人々を病気から救う 日本住血吸虫	
自分たちの都道府県				

※令和２年度版

ここの学習では、地域の偉人について扱います。まず実際は自分たちの地域でどの人物を扱うのかを考えなければいけません。しかし、過去に「開発」分野の人物選択が多いという事実から、「開発の分野で適した人物がいないかなぁ…」と絞って探せばよいということに気づくでしょう。逆に、新設された「医療」分野で教材開発をしてみようというチャレンジ精神も生まれるかもしれません。その際、教科書で扱われている人物を参考にしながら開発していくことも有効だと考えられます。

どの分野の偉人が多く扱われているか？

埼玉市内の小学校が扱った３９名中

開発▶２８名
用水路１１、新田開発８、河川改修７、その他２

教育▶２名

医療▶０名

文化▶１名

産業▶８名

（『教育学部紀要』文教大学教育学部 第 42 集 2008 年 泊 善三郎　より）

次は、４年生「特色ある地域と人々のくらし」の教科書比較です。

比較しながら、自分たちの県ではどこを扱うことが望ましいのかを一番下の欄に書き込んでいます。ここでは、まとめ方の例も非常に参考になります。このような一覧表を作成して比較することでアイデアがわいてくることも少なくありません。

らし」教科書比較

	地域の資源（伝統的な文化）を保護・活用している地域	まとめ方
	・古いまちなみを生かすまち登米市登米町 ・みやぎの明治村	・要点を伝える４コマCM ・自分たちの住んでいる市と比較 ・県外の人に特色ある地域と自分たちのまちのよさを説明
	岡山市の古い寺をたずねる ・東区西大寺観音院	岡山県をPRするカルタづくり ・全員で話し合い
	昔のものが多く残る太宰府市 ・太宰府天満宮	・グループ別の話し合い ・ガイドマップづくり
	町並みを守る豊岡市 ・城崎温泉の町並み ・町並みを守る会	・リーフレットづくり ・３つの市の比較 ・自分たちの市との比較

4年生 社会科「特色ある地域と人々のく

教科書	県	伝統的な技術を生かした地場産業が盛んな地域	国際交流に取り組んでいる地域	地域の資源（自然環境）を保護・活用している地域	
東京書籍 22p	宮城県	すずりをつくるまち石巻市雄勝町 ・雄勝すずり	国際交流に取り組むまち仙台市 ・せんだい地球フェスタ ・仙台国際ハーフマラソン ・SenTIA	美しい景観を生かすまち松島町 ・松島の景観 ・松島湾	
日本文教出版 22p	岡山県	焼き物がさかんな備前市 ・備前焼	外国人が多くくらす総社市 ・美術館 ・市役所のはたらき	豊かな自然が広がる真庭市 ・蒜山高原 ・南部の森林	
教育出版 24p	福岡県	焼き物づくりがさかんな東峰村 ・小石原焼	国際大会が行われる福岡市 ・福岡国際マラソン ・福岡空港博多港 ・アジアンパーティー	海と山にかこまれた岡垣町 ・アカウミガメ ・びわづくり	
自分たちの都道府県	兵庫県	焼き物がさかんな篠山市 ・丹波焼き ・大上巧氏	国際交流に取り組む神戸市 ・神戸港 ・南京町	森林に囲まれたまち央栗市 ・木工製品の生産 ・観光農林業	

※令和２年度版

次のように1時間授業レベルに絞って比較するだけでも違います。

どの事例を扱い、どんな「問い」を構成して、何を捉えさせようとしているのか、参考になります。

ここでは、教科書比較については多くはふれませんが、教科書比較等を含めた教科書活用については拙著『社会科の「つまずき」指導術』(明治図書出版)をご参照いただければ幸いです。

４年生 社会科「水のゆくえ(ダムのはたらき)」教科書比較

教科書	事例	内容
東京書籍	岡山県 岡山市 湯原ダム 旭川ダム	水不足を防ぐためのダムをつくるときには、地域との協力や自然との関わりを考える必要がある。 「ダムがどのような目的で作られたか考えよう」 　ダムで働く人の願い
日本文教出版	京都府 京都市 布目ダム	浄水場のさらに先には、川、ダムがある。 布目ダム付近の森林（奈良県） 森林は緑のダム記載(p51)→５年生「森林」単元とのつながり ※ダムに関する表記なし。
教育出版	神奈川県 相模原市 相模ダム	※水源を守る取り組みに関する表記2p →相模川上流の山梨県の人々と、中流下流の神奈川県の人々が協力して、川の清掃をしている。県や地域をこえて、人々が協力している。
光村図書出版	大分県 大分市 芹川ダム	※ダムに関する表記多い→大分ダムを管理している人の話 ○川の水をからさない　○洪水を防ぐ　○水力発電 ●建設予定地に住んでいる人の移転　●周りの自然への影響 ◉緑のダム

※平成27年度版

豊かになるということ

頁を割いて概念を獲得し、豊かにするための授業について述べてきました。

結局そうすることで、どうなるのか。左図をご覧ください。子どもたちは**学校や教室で学び、獲得した概念的知識をもって、他の社会的事象を見られるようになります。**

社会的事象とは、社会全体のことではありません。あくまでも社会の一部を切り取った一面であります。つまり、子どもたちが社会科において学んでいることは社会の一部を扱っているに過ぎません。切り取った社会的事象を「教材」として子どもたちは学びます。社会的事象を学ぶことで、子どもたちは社会の一部を理解することができます。概念的知識や見方を獲得することができます。**社会科の学習で獲得した知識や概念、見方や考え方をいかすことで、実際の社会がより明確に、豊かに見えるようになってくる**のです。「社会の中から社会的事象を取り出す」→「見方・考え方を働かせて社会的事象を見る」→「見えた社会的事象を社会全体に戻す」→「社会の特色や意味が見えるようになる」という流れです。これらを繰り返し、子どものもつ文脈と結びつけることで子どもたちの見方がどんどん豊かになっていくのです。

概念的知識は、より社会を豊かに見えるよう

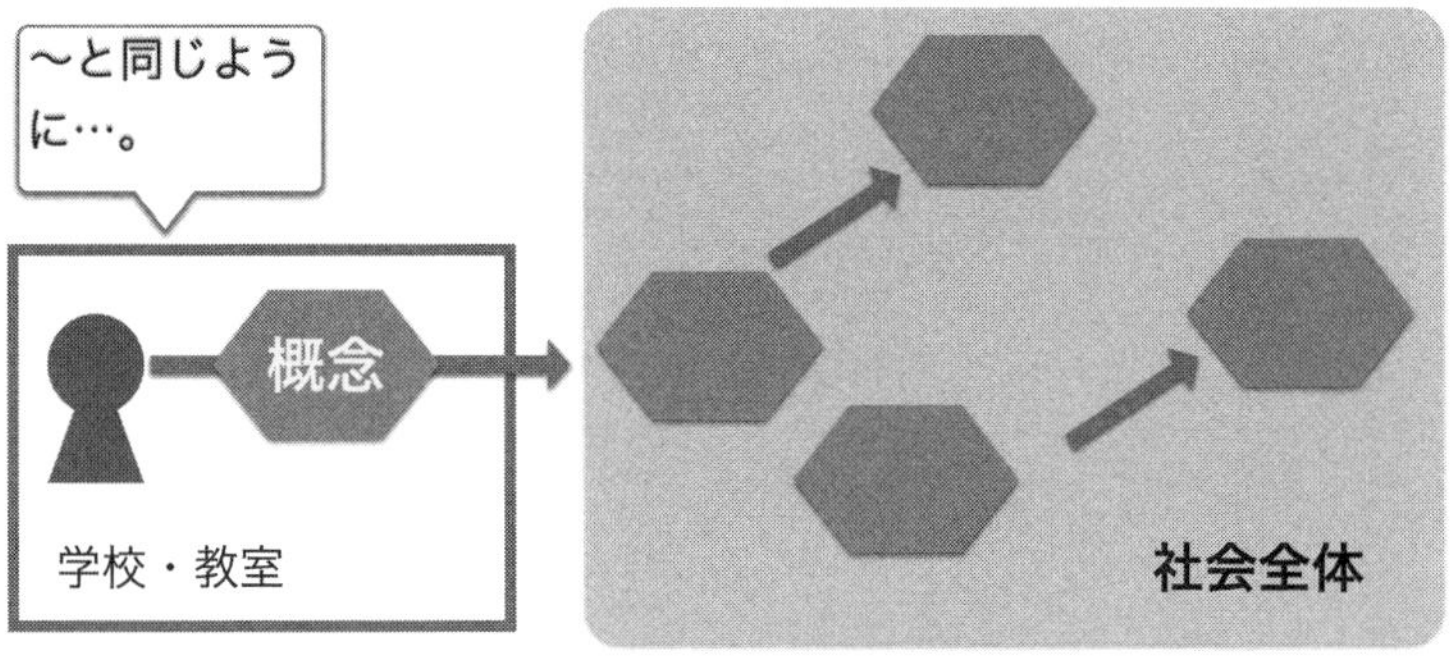
▶「みえないもの」で「みえるもの」をみる
〜と同じように…。
概念
学校・教室
社会全体
→概念を生かして他の事象を豊かに見る
『小学校 新学習指導要領 ポイント総整理 社会』p129(中田正弘)を参考に作成

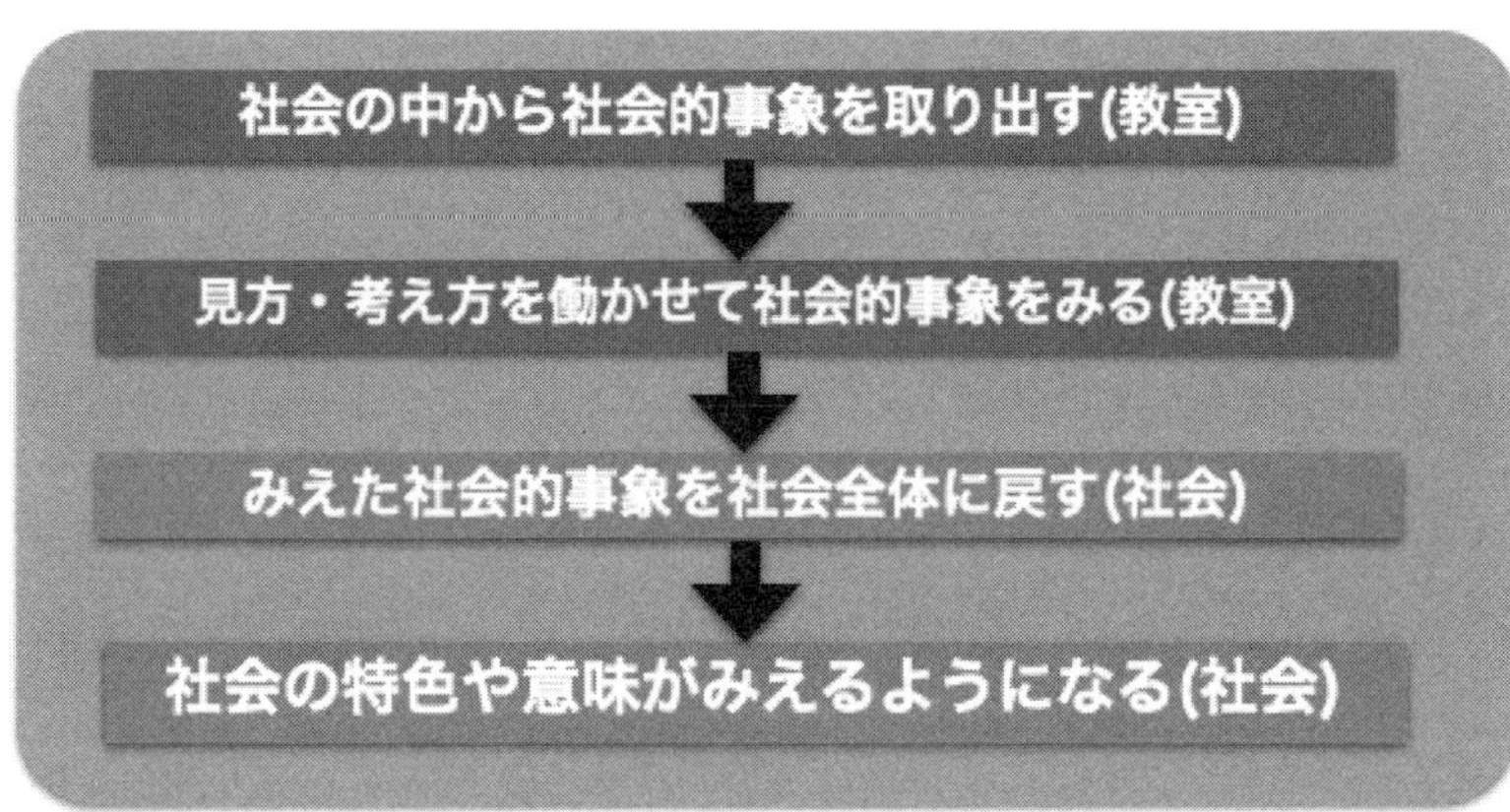
社会の中から社会的事象を取り出す(教室)
見方・考え方を働かせて社会的事象をみる(教室)
みえた社会的事象を社会全体に戻す(社会)
社会の特色や意味がみえるようになる(社会)

にするので、「社会を見る眼鏡」と表現されることがよくあります。

「『社会を見る眼鏡』で見ると、自分の見方が豊かになっていく」という感覚を、子どもたち自らが認識してくれるようになると嬉しいものです。

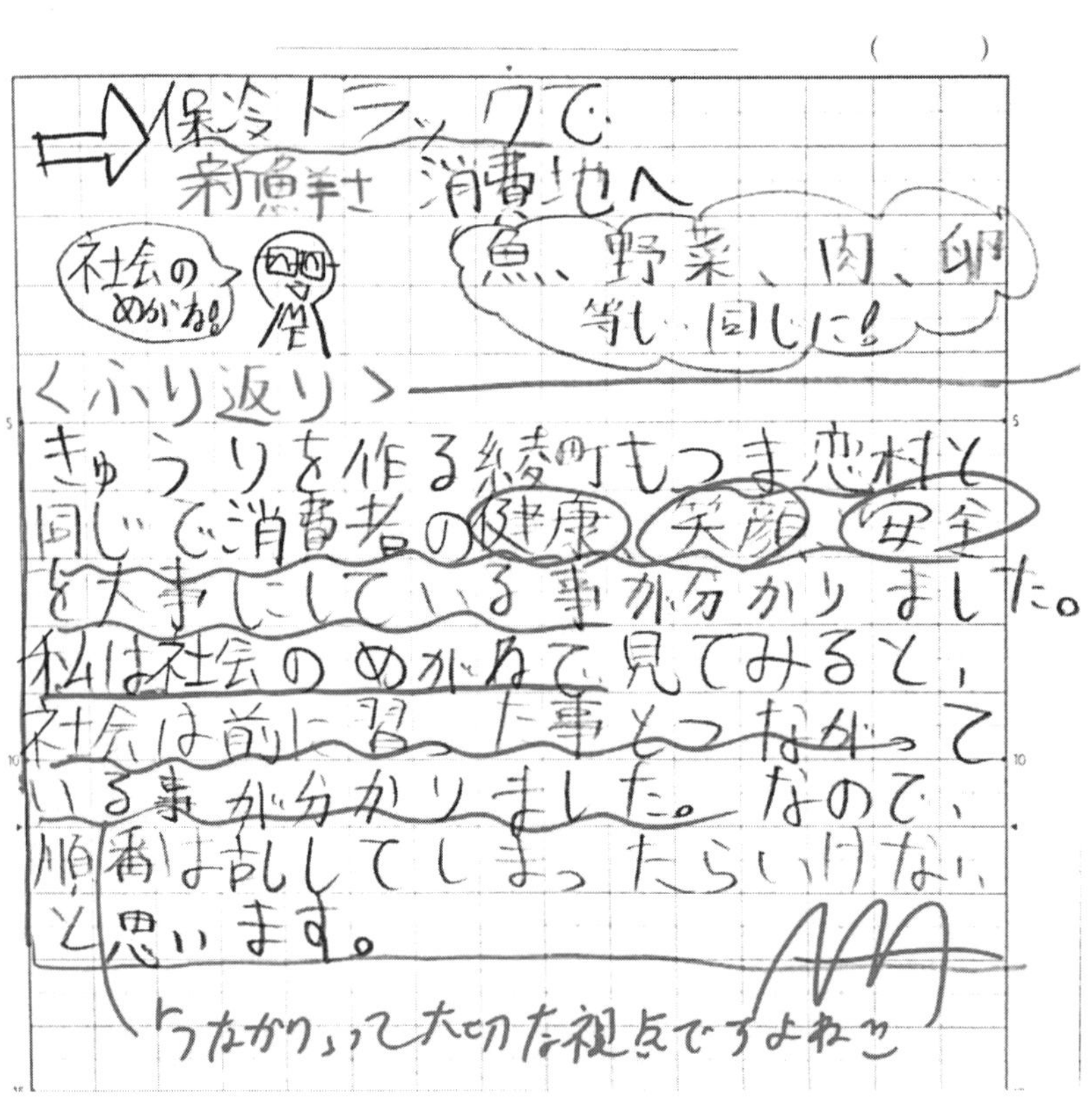

保冷トラックで
新鮮さ 消費地へ
社会のめがね!
魚、野菜、肉、卵
等しい同じに!
〈ふり返り〉
きゅうりを作る綾町もつま恋村と同じで消費者の健康、笑顔、安全を大事にしている事が分かりました。
私は社会のめがねで見てみると、社会は前に習った事とつながっている事が分かりました。なので、順番は乱してしまったらいけないと思います。
「つながりって大切な視点ですよね」

第4章

豊かな教材を見つける

素材発掘

「教材」とは、概念や法則や知識である「教育内容」と学習する子どもとを結びつけるためのものです。**「教材」をもとに学習を成立させるための教師の準備が「教材化」**です。豊かな授業を行おうと思えば、豊かな「教材」が必要であり、「教材化」を豊かにすることが必須です。

本章では、「教材」に焦点をあてて述べていくことにします。

まずは教材の元となる「素材」を発掘することからはじまります。簡単に言えば、**どこからどのように「素材」を見つけてくるか**ということです。ここは、人によってのライフスタイル

等もあり、なかなか一般化しにくい部分でもあります。個人的な内容が多々ありますが、ご容赦ください。

①どこから素材を見つけるか

1 身の回りから

実は、素材は身の回りにいっぱいあふれています。例えば、道路を歩いていると道路標識が見えます。「道路標識の色が違うのはなぜだろう?」「形にも意味があるのかな?」などと考えます。調べてみると、丸やひし形、逆三角形が多いのは、一般的な都市や自然の景観にそれらの形が多くなく、標識が背景と同化せずに目立たせることができるからだそうです。特に、「侵入禁止」や「通行止め」などの強いメッセージを発信する標識は丸やひし形、逆三角形になっていることが多いようです。身の回りにある目に見える当たり前のものを少し調べるだけですが、おもしろいものです。

また、私はランニングが好きです。いつもキョロキョロ周りを見渡しながらゆっくり走っています。そこで発見する素材は多いです。例えば、町にある道しるべや、地面にあるマンホールなどがそうです。「なぜここにあるんだろう?」「なぜこの絵柄なんだろう?」などと考えます。

今やもう身近に存在するSNS。ここに流れてくる情報からヒントを得ることも少なくありません。例えば、Facebookに登録してい

る地域コミュニティサイトの情報が流れてくることがあります。そこで紹介されていた「伊丹市のパトラン（パトロールランニング）」に興味をもちました。「これは3年生の『地域の安全を守る』の教材になるぞ」と直感で思いました。それ以前に、活動自体が素晴らしいですし、自分も参加してみようと思ったわけです。連絡をとってみると、快く取材を引き受けてくださいました。実際に私も活動に参加させていただきました。地域のつながりをつくることが防犯力を高めることになることを実感しました。こうやってつながりをつくって活動されていることが素敵です。きっとパトランメンバーの姿を見て感化されている方も少なくないはずです。

身近な所に素敵な素材はたくさん転がっています。知らないうちにスルーしてしまうのはもったいないことです。

2 文献から

「文献」と言っても様々です。論文や教育書、新聞等たくさんあります。そこからきっかけをいただくことも少なくありません。

例えば、私は小説を好んで読みます。有川浩氏の『県庁おもてなし課』からは4年生の「特色ある地域」の単元を「観光」の視点から切り込んでいくアイデアをいただきました。増山実氏の『風よ僕らに海の歌を』からは宝塚市のダリア園の歴史を知り、ダリア園の園芸組合長に会いに行くきっかけをいただきました。第162回直木賞を受賞した川越宗一氏の『熱源』や河治和香氏の『がいなもん松浦武四郎一代』からは、北海道アイヌ民族の教材化のヒントを得ることができました。水上勉氏の『櫻守』では、地域の偉人に関する教材化のヒントをいただきました。これらのヒントをもとに、自分の中で温めている感じです。「教材化したい！」という気持ちの芽が現れ、膨らんでいるという感じです。

このように、たまたま書籍を読んでいてヒントをいただく場合と、「これはなにかしらヒントが見つかりそうだ」と思って書籍を手に取る場合とあります。『あんなに大きかったホッケがなぜこんなに小さくなったのか』（生田與克）や『農林水産業のみらいの宝石箱』（農林水産業みらいの基金）などは、その例と言えるでしょう。

その他、新聞も有効です。「これは教材にな

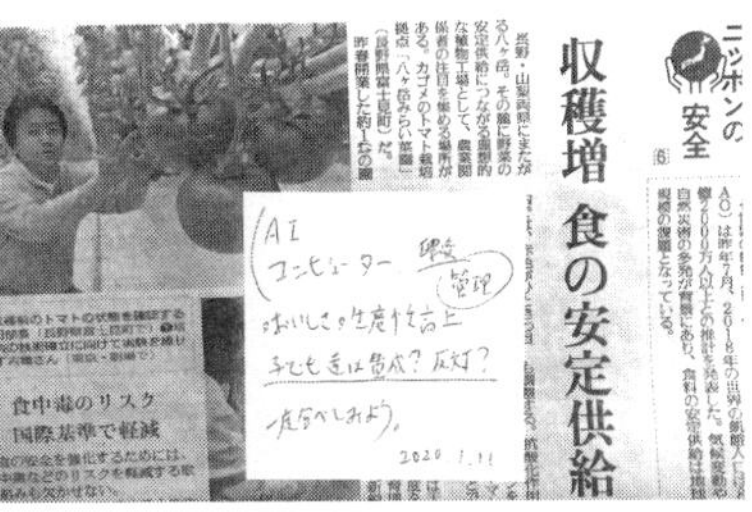

トマト栽培 機械が制御

ニッポンの安全

収穫増 食の安定供給

食中毒のリスク 国際基準で軽減

国産の灯 生活温めた

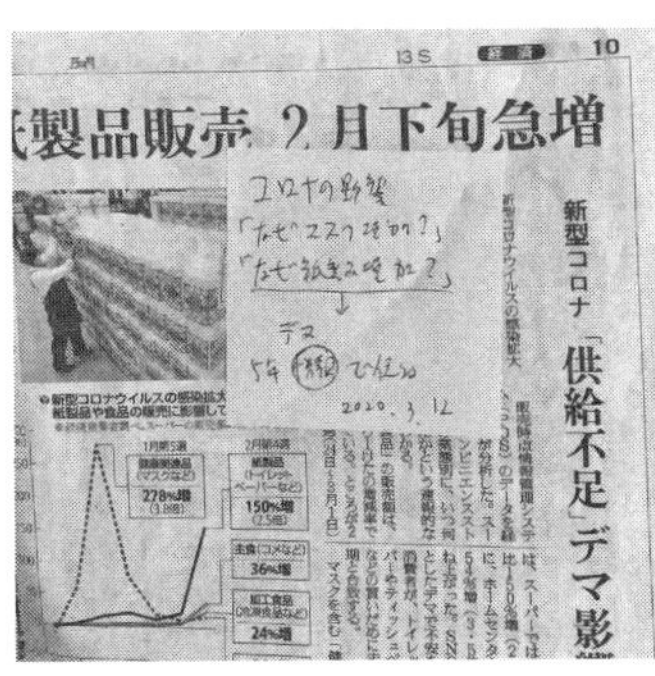

製品販売 2月下旬急増

新型コロナ「供給不足」デマ影

りそうだな」と思うものは切り抜いて上の写真のようにクリアファイルに挟んでおきます。そのまま保管してもいいのですが、**付箋を貼っておくこと**が教材化につながるコツです。その付箋には日付と一言メモを書いておきます。**自分が感じた「問い」や、どの学年の教材になりそうか、**などです。その付箋メモが教材化する時の視点やヒントになることが多いのです。

3　現地から

社会科が敬遠される原因の一つがこれなのかもしれません。現地まで赴くのは「大変だ」というイメージがあります。確かに現地まで行くのは時間も労力もかかります。しかし、やはり実際に現地に行くのとそうでないのとではまったく違います。実際に人に会うのとそうでないのも同じです。**「リアル」から感じられることの大きさは計りしれません。**

例えば、嬬恋村のキャベツマラソン。普通、マラソンは冬場を中心に開催されます。しかし嬬恋村のキャベツマラソンは7月の初夏に行われます。子どもたちに伝えると「なぜ夏にマラソンができるの?」という問いが生じます。5年生の教科書から、嬬恋村の夏秋キャベツの生産が高いことは分かっていました。２０１９年に実際にマラソンに参加して（当日は雨でした…）コースを走っていると、そのキャベツ畑の広大さを目の当たりにします。「これだけの量を生産しているんだなぁ…」と実感できます。また畑によって成長の度合いが違うことを認識し、そこにも工夫があることがわかりました。そしてやはり地元の方々のキャベツ愛の熱量がすごかったです。様々な話も聞かせてくださいました。これはネットだけの世界では絶対に確認できないことです。教材化していた素材が、さらに輝いて見えました。

人に会うのは一度ではなく、複数回をおすすめします。例えば、数年前、私は自分が所属する授業研究会の仲間と共に何度も琵琶湖へ訪れ

60分以上
45分以上
美酒RUN会
3
Kazunori.C
SHONAN
INTERNATIONAL
MARATHON

ました。5年生単元「環境を守る人々」の教材開発をしようと思っていたからです。まず1回目は滋賀県高島市新旭町針江という場所です。

嬬恋村の久保宗之さんと

この地域には日本でも珍しい水の文化がある場所です。比良山系に降った雪、雨が伏流水となり各家庭から非常に綺麗な水がコンコンと湧き出ます。針江では湧き出す水のことを生水（しょうず）と呼んでいます。針江の人々はこの水を飲料や炊事といった日常生活に利用しているのです。このシステムを**川端（かばた）**と呼んでいます。すばらしいエコのシステムです。この川端の案内役の方と色々なお話をさせていただきました。その中で、琵琶湖の環境を守ろうとした「石けん運動」のお話を聞かせていただ

川端の案内

きました。その話に興味をもち、再度針江に訪れた時は、その「石けん運動」に参加されていた方々に会わせてくださいました。

そして沖島（日本の淡水湖で唯一の有人島）の存在、菜の花ネットワークの存在を教えていただきました。沖島へ渡ったり、菜の花ネットワーク代表の藤井絢子氏に会いに行ったり……。書き出せばきりがないのでここで止めますが、とにかく行けば行くほどつながりができ、新しい発見があります。子どもがワクワクする前に私がワクワクしていました。

大熊窯の大上巧氏は今も個人的に懇意にしていただいています。最初は教科書がきっかけでした。T社の4年生教科書に掲載されていたので、丹波立杭の窯元「大熊窯」まで行きました。快く迎えてくださったことを覚えています。そこから何度も通うようになりました。丹波焼の伝統技術のことだけでなく、丹波焼の歴史や苦労話、喜び等、様々なことを教えていただきました。学校にも講師としてお越しいただきました。子どもたちと授業を進める中で、窯元「大熊窯」まで訪れる子が出てきました。私が現地で子どもたちとバッタリ出会うなんていうこともありました。こうやって長いご縁をいただけることもあります。

たとえ教材にならなかったとしても、現地まで赴き、人に会い、話したことは必ずどこかにつながっています。何より自分自身の大きな学びとなります。

どこかへ出かけることは確かにエネルギーも使います。頻繁にはできません。ですから、持続可能にしていくコツは、「ちょっと」です。

例えば、家族旅行で訪れた時に「ちょっと」だけ○○に寄ってみるとか、校外の研修に出かけたついでに「ちょっと」○○まで足を運んでみる、といった感じです。その**「ちょっと」が大きな発見やつながりになる**のです。

「大熊窯」大上巧さん

②どのように見つけるか

アンテナをはる

うまく表現できませんが、**教材になりうるものを直感的に感じるアンテナ**があります。そのアンテナを常にはっていることがポイントです。ただ、そんなに強力なアンテナでなくてかまいません。ほんの少しアンテナをはることで、**普段何気なく見ているものが少し違って見えてくること**があります。**何事も素材として見ることができる眼をもつ**ような状態です。

私の場合、三つのアンテナがあります。

一つ目は、**すぐに研究授業が迫っている、というような切迫した状態で働くアンテナ**です。1ヶ月後に農業関係の研究授業を行う時であれば、やたらと米や野菜の絵が目に飛び込んできます。Amazonの買い物かごに入っている書籍も農業関係ばかりになります。

二つ目は、**「あ、これはなんとなくいつか教材にできそう」という眼で働くアンテナ**です。例えば、西粟倉村、移動スーパーとくし丸、オリンピックの食材等、数年後に教材になりそうなものを意識しておきます。ノートにメモしたり、パソコンに軽く書きとめたりしています。ずっと温め続けていくものです。

三つ目は、**直感で「おもしろい!」と感じた時に働くアンテナ**です。教材になろうがなるまいが、自分がおもしろさを感じたものをメモしていきます。実は、私はこれが一番大切だと思っています。何となく世間の見え方が変わったり、少し日常生活がおもしろく感じたりします。散歩に出かけた時も「おもしろい」を発見します。メモがない時はスマホのメモ機能で音声入力をしています。メモをしなければ絶対に忘れます。少なくとも私は。

そういう**「ワクワク感」**が教材づくりにつながっているのだろうと思います。意図的に教材を探すことも大切。温めておくことも大切。偶然発見することも大切。とにかく何かしら「ワクワク感」をもつことです。まずは自分自身がおもしろがりたいものです。

教材化

①教材化を図る視点

素材が分析され、加工されて、一定の教育内容と結びつけられた時、「教材」となります。

どこに着目して、どのように素材を教材化していくのかを説明していきます。

私は、次のような6つの視点から教材化を図っています。どの角度から素材を料理するかということです。

1　子どもが主体的に追究できる教材
2　見方・考え方を働かせられる教材
3　現在の社会問題に対応する教材
4　横のつながりを意識した教材
5　縦のつながりを意識した教材
6　人の姿が見える教材

それぞれ、具体的に説明していきます。

1　子どもが主体的に追究できる教材

子どもたちが問題意識をもち、子どもが主体として学ぶことができる教材です。また、子どもが直感的にワクワクし、知的な「おもしろさ」を感じられる教材です。そのために、**まず教師がワクワクする素材の発見**が前提となります。

2　見方・考え方を働かせられる教材

様々な視点が含まれているかどうかということです。つまり、**「問い」が生まれやすい教材**と言えます。また、多角的・**多面的にその問題を追究していくことで、単元としてねらう概念等に関わる知識を獲得できる教材**のことです。

1と2は同時に考えるべき視点でもあります。この2つは社会科の本質にたどりつかせるためにも欠かせない視点です。

3　現在の社会問題に対応する教材

今日の社会問題を扱うことです。今現在の問題なので、子どもにとっても身近です。**今を生きる子どもたち、これからを生きる子どもたち、これからの社会をつくっていく子どもたちにとって、今現在の問題を考えることは必要不可欠**です。よりよい社会をつくっていくために、目の前にある問題をよりよく解決しようと思える子になってほしいと願います。

例えば、環境問題や高齢化問題等、持続可能な社会に関わる問題などが考えられます。また、これから社会は激変していきます。我々が経験したこともない社会変化となっていきます。その最たるものが「AI」等のIT技術でしょう。スマート農業やスマート林業のみならず、様々な場面でスマート化が図られています。地域学習においても、産業学習においても、この視点は外せません。

4　横のつながりを意識した教材

単元間や、他教科とのつながりを考えることが大切です。例えば、単元間では、5年生の産業学習を「持続可能」という軸で通すと、**それぞれの単元の中で持続可能の視点から考えられる教材をつなげることができます。**

教科間のつながりでは、**社会科の学習内容を他にいかすことができないか**を考えておきます。逆に、他教科の学習内容を社会科でいかせないか、常に念頭に置いておきます。カリキュラム・マネジメントの視点をもつということでもあります。

5　縦のつながりを意識した教材

学年を超えてのつながりを意識することです。例えば「環境」「持続可能」「高齢化」等、様々な社会問題のテーマに応じるということです。もちろん、社会問題ではないテーマでもか

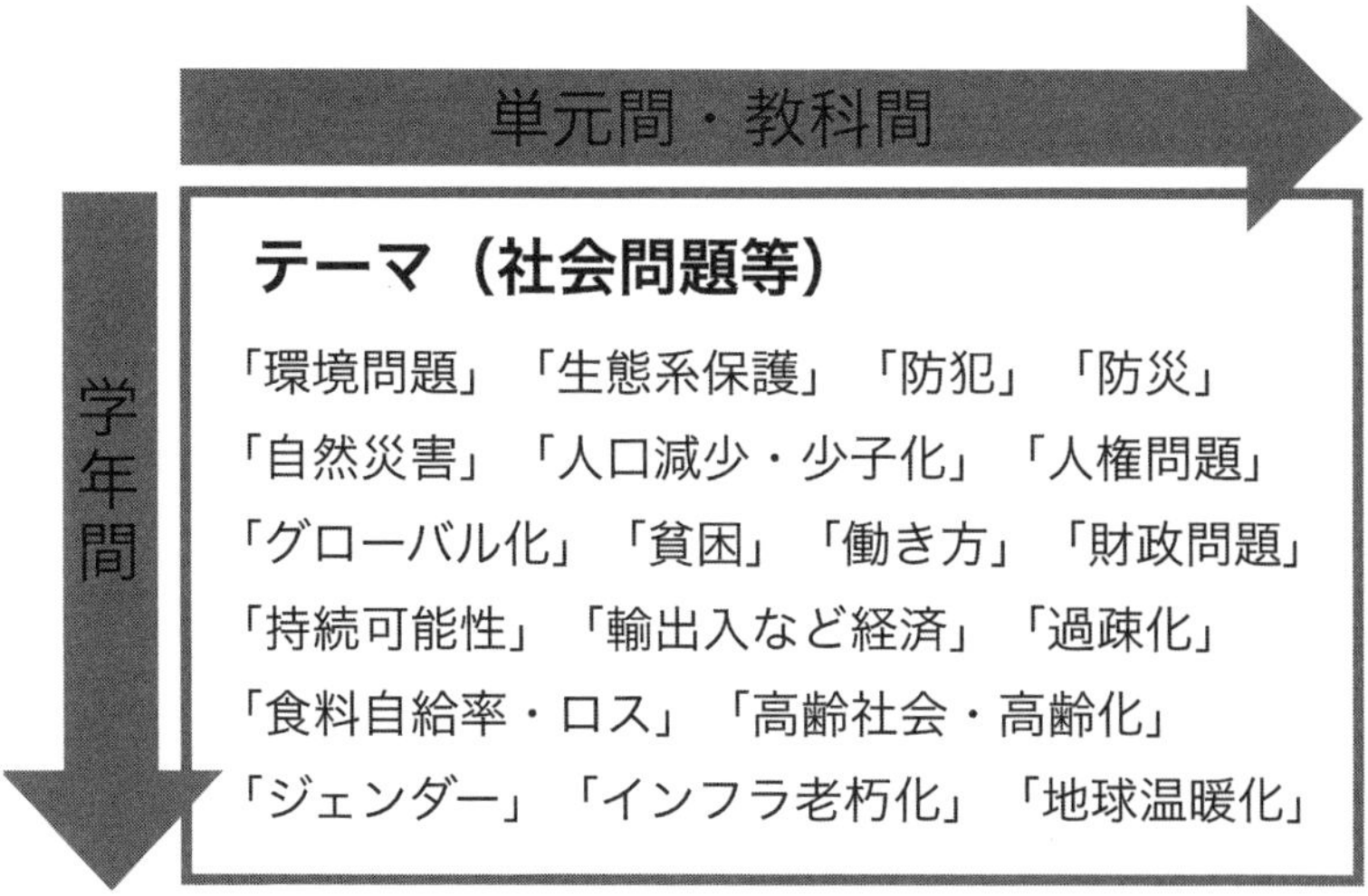

単元間・教科間

学年間

テーマ（社会問題等）

「環境問題」「生態系保護」「防犯」「防災」
「自然災害」「人口減少・少子化」「人権問題」
「グローバル化」「貧困」「働き方」「財政問題」
「持続可能性」「輸出入など経済」「過疎化」
「食料自給率・ロス」「高齢社会・高齢化」
「ジェンダー」「インフラ老朽化」「地球温暖化」

一貫させて「つなげる」イメージ

まいません。例えば「国際交流」「文化伝承」等、そのレベルは大小ありますが、この縦の軸でつなげる視点をもつことで、学年を超えて一貫した教材をつくることができます。つまり、**学年を積み上げることでそのテーマに関する概念等に関わる知識が豊かになっていくということです。**長いスパンでスパイラルに学んでいくということを意識しています。

6　人の姿が見える教材

人の姿や営みが見える教材にしたいものです。社会は人の営みでなりたっています。そこには人の想いや願い、苦心苦労が見えます。**よりよい社会をつくろうとしている人の姿が見え**

る教材は、子どもたちに感動を与えることができます。「こんな大人になりたいな」という憧れと将来への希望を抱かせられる教材にしたいものです。

もちろんすべての視点を含む教材化ができるとは限りません。どこかの視点に比重が傾いていることもよくあります。しかし、少なくとも6つの視点を常に頭に入れながら教材化していくべきではないでしょうか。それを意識して教材をつくることで、できあがった教材のもつ「豊かさ」がまた違っていきます。教材によっては、**子どもたちの人間的成長**も変わってくるものだと感じています。

一つの例として、4年生「ごみのしょりと利用」の授業案を紹介します。この授業は特に3の視点、現在日本が抱える社会問題を強く意識して教材化したものです。

[単元について]

単元前半は、ごみの処理の仕方について学習します。「ごみを処理する事業は、生活環境の維持と向上のため、衛生的な処理や資源の有効利用ができるよう進められている」という「概念的知識」の獲得を目指します。

単元後半では、社会への関わり方について学習します。ここでは、ごみの減量やリサイクルなど、自分たちにできることを考える活動がよく行われます。しかし、形式的に他人ごとのように考える場合も少なくありません。**自分ごととして捉え、切実感をもたせる必要**がありま

現在、日本が抱える社会問題を強く意識した単元展開です。（全10時間）

時間	本時の問い
1	学校ではどのようなごみが出るのだろう？ →なぜごみの種類が違うのだろう？
2	家ではどのようなごみが出るのだろう？ →なぜいつでもごみを捨てていないのだろう？
3	市では１年間何kgのごみが出ているのだろう？ →市ではどのようにしてごみを処理しているのだろう？
4・5	燃やすごみはどのようにして処理されているのだろう？ →なぜごみを燃やすのだろう？
6	資源ごみや粗大ごみはどのようにして処理されているのだろう？ →なぜ燃やすごみと違う処理の仕方をするのだろう？
7	ごみ処理の仕方はどのように変化してきたのだろう？ →ごみ処理にかかる費用はなぜ増えているのだろう？
8	ごみにかかわる問題に、どのようなものがあるのだろう？ →ごみの量を減らすために、どのような取り組みがされているのだろう？
9	食品ロスを減らすためにどのような取り組みをしているのだろう？ →なぜ食品ロスを減らそうとするのだろう？
10	ごみの量を減らすために、自分自身はどのようなことができるのだろう？

す。そこで、子どもたちにとって身近な問題であり、現実的な社会問題である**食品ロス問題**を取り上げました。

食品ロスについて、まずは自分たちが食品を廃棄している量の多さに気づかせます。次に、食品ロスが経済面や環境面など、様々な面において影響を与えていることを捉えさせます。食品ロスを削減することが、今、企業や国民が抱えている切実な課題であることに気づかせます。それらを認識した上で、自分にどのような行動ができるかを考えさせます。**食品ロスに対する確かな認識が切実感を伴った行動につながる**と考えています。

[単元展開（全10時間）]

【獲得させたい「概念的知識」】

○ごみを処理する事業は、生活環境の維持と向上のため、衛生的な処理や資源の有効利用ができるよう進められている。

○ごみ問題の解決のために、ごみ減量の工夫など、国民の一人ひとりができることに協力する必要がある。

[本時の目標]

食品ロスの発生を減らそうとする取り組みについて調べることを通して、食品ロスを減らす必要性を多面的に説明できるようにする。

[本時の展開（第9時）]

［本時の展開（第9時）］

学習活動と予想される子どもの反応	○支援　◆評価規準
1. 食品ロスが発生する理由について発表する。 「まだ食べられるのに捨てられてしまう食品のことを「食品ロス」というんだ」 「一人おにぎり2個を毎日捨てていることになるなんてすごい量だ」 「食品メーカーでは不良品があったり作りすぎたりして捨てられることがあるんだね」 「店では賞味期限が切れて捨てられることが多いんだね」	○賞味期限の切れた食品を提示し、捨てるかどうかをつぶやかせることで、食品とごみの関係について興味をもたせる。 ○まだ食べられる食品の多くがごみとして捨てられている画像を提示し、子どもたちの驚き引き出す。 ○食品メーカーや店など、食品ロスが発生する場所を提示することで、発生する理由を考えやすくさせる。
2. 食品ロスを減らそうとしている理由について話し合う。 「賞味期限の表記方法を工夫しているんだ」 「売れる分だけ作るようにしているんだね」 「食品ロスは、もったいないだけでなく、資源や環境面にも大きな影響を与える問題なんだね」 「多くの費用がかかって、経済的にも負担が大きくなるんだね」	○食品ロスを減らす取り組みを考えさせたり紹介したりすることで、社会的に取り組む必要性があることを感じさせる。 ○経済面に着目させるために、食品ロスが発生するとどこで費用がかかるのかを問う。 ○全員が話し合いについてこられるように、途中で一人の子の発言を全員に問い返すなどして、確認しながら話し合いを進める。
3. ふり返りをノートに書く。 (例)「食品ロスを減らすために多くの人が努力している。食品がもったいないだけでなく、資源や環境面でも大きな悪影響を与えるからだ。例えば、食品メーカーで賞味期限の工夫をしたり、スーパーで売り切れる分だけの商品を用意したりしている。自分自身も家や外食での食べ残しに気をつけたい。」	◆食品ロスを減らす必要性について、多面的に説明することができる。 ○書けた児童に内容を発表させ、書きにくさを感じている児童のヒントにさせる。 ○家庭での食品ロスの多さを示す資料を提示し、驚きを引き出すことで、自分たちの生活に意識を向けさせる。

左は、授業をさせていただいた筑波大附属小学校由井薗学級の学級通信です。拙い授業でしたが、とてもかわいい子どもたちでした。

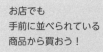

家での食べ残しをできるだけ
しないようにしよう！

お店でも
手前に並べられている
商品から買おう！

←ミスター、ミス「たけのこ賞」の２人　　筑波大学附属小学校１部４年
学級通信Ｎｏ８０　令和元年１１月２８日（由井薗）

フル・ジョイフル・ハートフル！

～元気いっぱい・楽しさいっぱい・やさしさいっぱい～

「食品ロス」について考えた！（11月24日公開授業）

今日、私はこの黒板を見て本当に驚いたことは、食品ロスが643万トンということです。そのことをおにぎりでたとえると、毎日一人の人がおにぎりを２個ずつ捨てていることになります。

他には、家庭や食品メーカー、お店などで、特に食品ロスが多いことがわかりました。

自分たちでできることがあるとしたら、家庭では、できるだけ協力したいので、食べるものを食べる。

食品メーカーでは、人気があるものをたくさんつくり、人気がないものはまあまあつくり、不良品をたいしょするためには、あせらないで作業することが大切だと思います。

最後に、お店では、あんまりまとめ買いをしないで、必要なものだけ買う。レストランでは、本当に食べられる量だけ食べるということが大切だと思いました。（Ａ子）

食品ロスをへらそうとする理由は、黒板に書いてあること全てだと思います。でも私は一番環境が大事だと思います。なぜなら、地球温暖化になったら、人が住めないし、食べ物も作れないからです。

私は食品ロスを減らすために、一番買いすぎないことが大切だと思います。食べないのに買いすぎると、結局残すから、少なめに買っておいて、足りなかったらまた買い足せばいいと思います。（Ｂ子）

兵庫県宝塚市から来た宗實先生（関西学院初等部）、授業をありがとうございました。また、役員さんや参観者の皆様、子どもたちのサポート、ありがとうございました。

②教材化の方法

どのように教材化していくかという方法論について説明していきます。

日本教材学会編『教材事典』（２０１３）では、教材を構成する方略として、次の３つを挙げています。

①上から下への方法（演繹的構成　：教育内容の設定後、適切な教材を選択する）

②下から上への方法（帰納的構成　：教材の選択後、教育内容と擦り合わせる）

③生成源からの方法（発生構成　：原理や法則の発見過程を追体験できるように教材を構成する）

また、藤岡信勝氏は『教材づくりの発想』（１９９１）の中で、「教育内容の教材化」を「上からの道」、「素材の教材化」を「下からの道」と表現し、次のように説明しています。

「第一の方向は、『教育内容』から『教材』へと下降する道である。個々の科学的概念や法則、知識を分析し、それに関連してひきよせられるさまざまな事実、現象の中から子どもの興味や関心をひきつけるような素材を選び出し、構成してゆく。これを、教材づくりにおける『上からの道』と呼ぶことにしよう。」

「第二の方向は、『教材』から『教育内容』へと進む『下からの道』である。もっとも、この

自分がどちらの方法で教材化しているのかを意識するといいですね！

教材化における「上からの道」「下からの道」

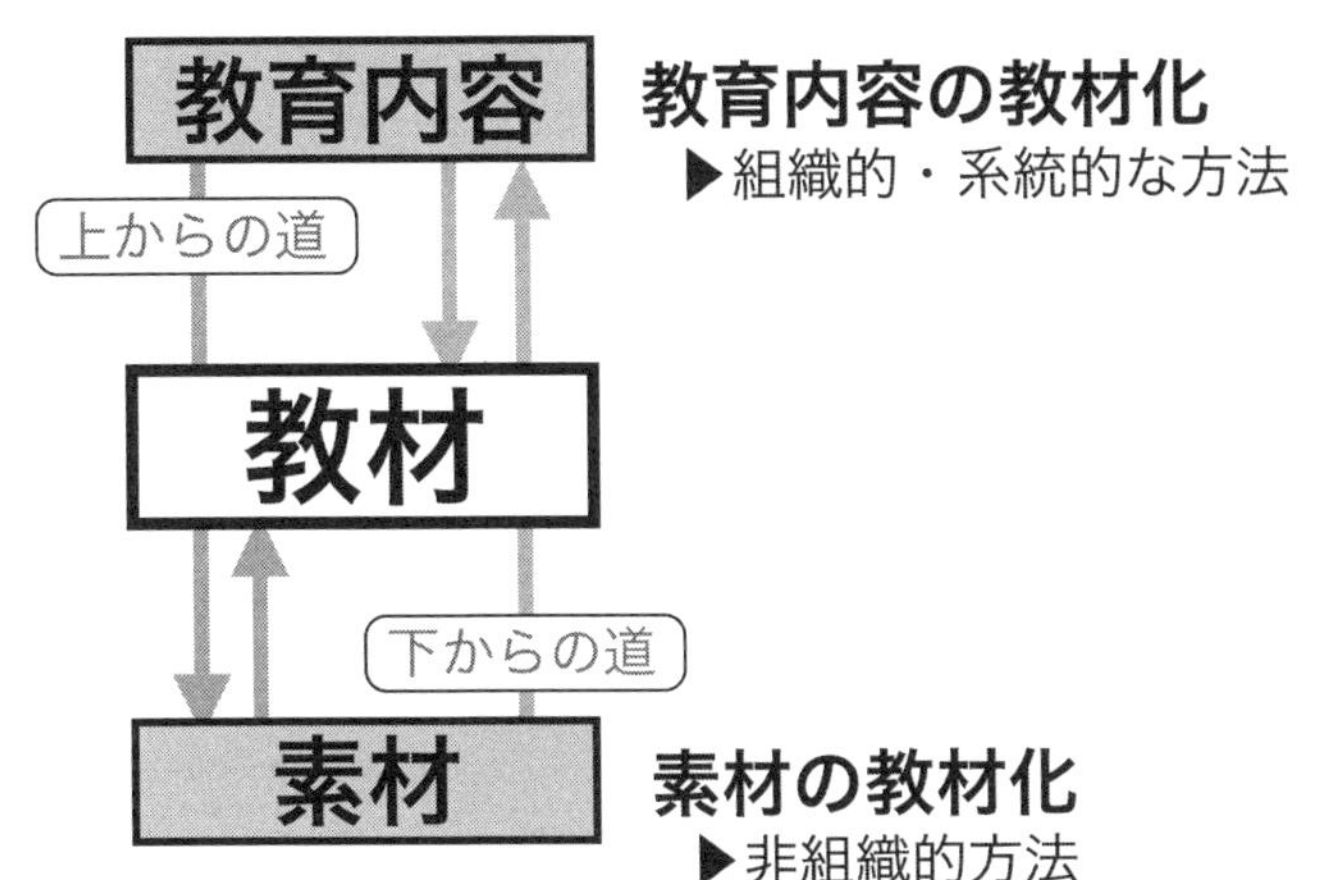

『教材づくりの発想』藤岡信勝(1991)日本書籍を参考に筆者作成

表現には少し矛盾がある。教材とは、教育内容との対応ではじめて意味をもつ概念だったからである。（拙著『授業づくりの発想』第一章参照）正確にいえば、ひとまとまりの事実や情報は、まずは『素材』としてあらわれる。素材が分析され、加工されて、一定の教育内容と結びつけられたとき、『教材』となる。」

本書で述べた「教材発掘」は「下からの道」にあたります。

ある若手教員と話をしていた時、「上からの道と下からの道、どっちの方がやりやすい？」と聞くと「私は上からの道です。そもそもの範囲が限定されている分、やりやすいです」と答えました。納得です。「下からの道」は、非組織的な方法であるがゆえに何から手をつけていいのかがわかりにくく、教材化することも難しいです。「下からの道」で教材化するには、**どの教育内容と結びつくのか直感的に感じる必要がある**かもしれません。そういった意味では、すべての学年のすべての単元を俯瞰して把握しておく必要があるので、さらに難しさを感じてしまいます。しかし、授業に豊かさを求めるにあたって、「下からの道」で教材化を図ることは、必要な方法であると思います。ただ、「上からの道」と「下からの道」、これらはどちらか一方にするということではなく、**往還してつくられていくことが現実的**です。同時に行われることもあります。授業者のタイプや周りの環境によっても大きく変わっていきます。その他、教材化を図る時に意識したいのは、「第二の教材」です。「第一の教材」とは、子どもたちが追究する対象である「人」「もの」「こと」

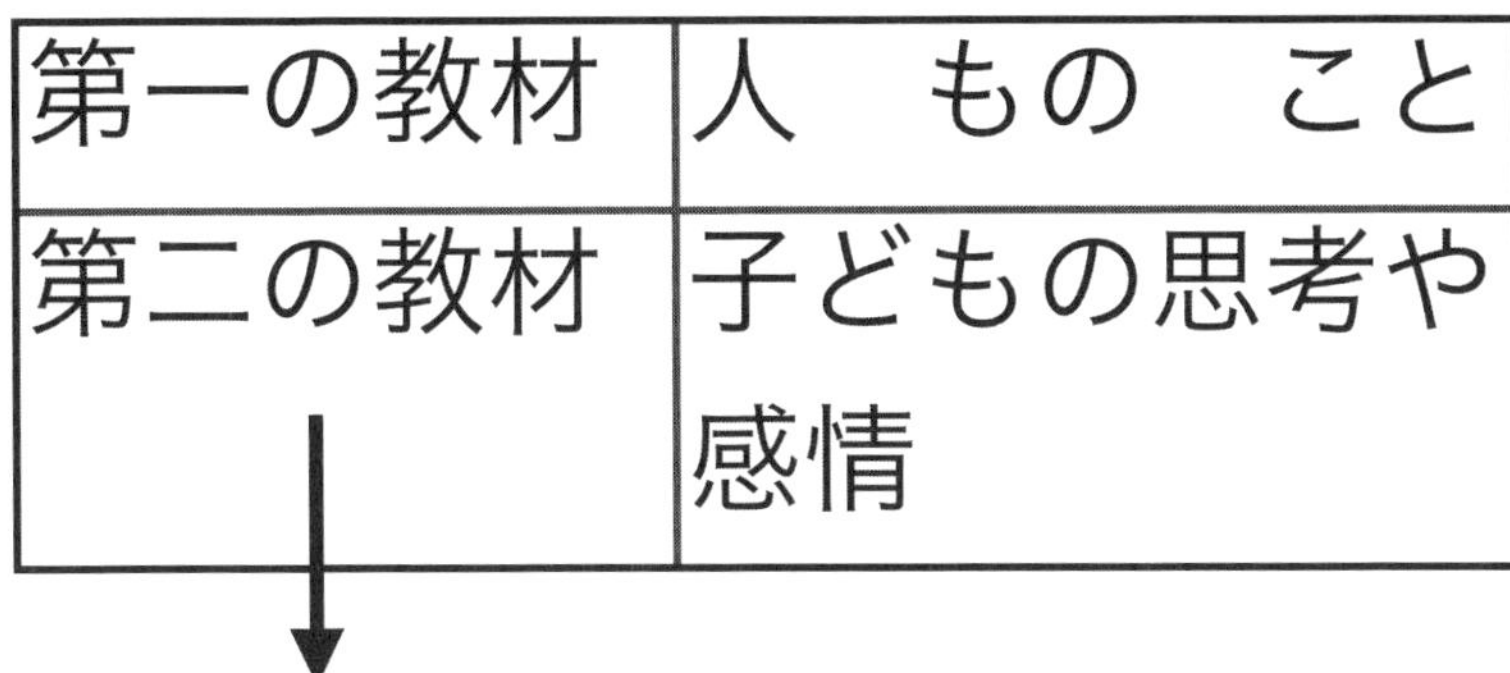

第一の教材
人　もの　こと
第二の教材
子どもの思考や感情

子どもの内面から引き出してくるもの

『子どもと創る授業　学びを見とる目、深める技』奈須正裕(2013)ぎょうせい
『しなやかな授業ー子どもの学習力を育てる』山田勉(1989)黎明書房　を参考に筆者作成

です。「第二の教材」とは、追究を通じて生み出された一人ひとりの子どもの思考や感情のことです。その一人ひとりに生じた思考や感情は、誰に対してどのような気づきや思考の発展をもたらす可能性があるかも含めて教材を考える必要があると、奈須正裕氏（２０１３）は言います。教材化を図る時に、その教材を扱うことで子どもの内面でどのような変化が起こるのかを予想する。そして、それがそれぞれどのような作用を学級内で引き起こすのかという視点をもつことも大切にしたいものです。教材化を図る時は、**温めておくこと**も必要です。その時にすぐに教材化できなくても、その学年を担当した時、もしくは数年後に教材になることがあります。それは、**時間がたつにつれてその素材に対する視点が変化し、新たな考えも加わるか**

らです。そうすることによって、**ゆとりと柔軟さのある教材**となるのです。また、じっくりと時間をかけることで、ぼやっとしていたものが明確になっていきます。例えば、この素材を教材にすることで、子どもたちにどんな力をつけさせたいのかなどがつかめるようになってくるのです。それは**じっくりと醸成していく感じ**です。教材に豊かさを出そうと思えば、時間をかけてじっくりと温めていくことも必要なのかもしれません。

有田和正氏（1982）は、「教材は見えにくい社会に、ある形を与え、見えるように具体化したもの」と表現しています。逆に言えば、**「授業は、見える教材を通して見えにくい社会を見ていく営み」**だと言うことができそうです。つまり、**豊かな教材であれば、社会を見る営みも豊かになっていく**ということです。

それではどのように教材化しているのか、具体例を挙げます。ことのはじまりは、一冊の小説との出合いでした。森沢明夫氏の『かたつむりがやってくるたまちゃんのおつかい便』。「買い物弱者」をテーマにした心温まる感動作品です。この「買い物弱者」、つまり高齢化問題は、現在日本が抱える社会問題の一つです。「これを扱う教材ができないかなぁ」と思いました。それと、「これはきっとハートフルな教材になるぞ！」と直感しました。そこで色々と調べてみると、移動スーパーの「とくし丸」さんの存在を知りました。そこから話は早いです。とくし丸さんの会社にメールをし、取材のお願いをしました。関西にもとくし丸を扱うスーパーさんがあるということで紹介していただきました（関西スーパーさん）。取材を快く引き受けてくださり、「関西スーパーとくし丸３号」の助手席に乗せていただき１日密着取材をさせていただきました。

関西スーパーとくし丸３号の村山かおりさんのお客さんとのやりとりや、仕事に対する想い、お客さんに対する愛情、関わる人々への感謝、全てが素敵でした。具体例を挙げるときりがありませんが、お客さんから聞こえる「ありがとうねぇ」「ほんまに助かるんや」という生の声の多さがすべてを物語っていました。人とふれ合い、心を通じ合わせる仕事の素晴らしさを再確認させていただきました。村山さんは「めっちゃ楽しいですよ！」「この仕事は『愛』で成り立っています」とおっしゃっていました。本当にその通り。「感謝」と「敬意」で成り立っていることを目の当たりにしました。取材させていただくことで、私自身が大きな学びをいただきました。村山さんのとくし丸を通して、人とのふれ合いや仕事の楽しさ、素晴らしさを子どもたちに感じさせたいと思いました。この素敵な素材を必ず教材にしようと思いました。

現時点（２０２０年３月）ではまだあいまいですが、具体的にどのようにして教材化していこうかと考えていることを述べていきます。３年生「店で働く人と仕事」。単元目標は「地域に見られる販売の仕事について、消費者の願い、販売の仕方、他地域や外国との関わりなどに着目し、それらの仕事に見られる工夫を考え表現することを通して、販売の仕事は、消費者の多様な願いを踏まえ売り上げを高めるよう、

工夫して行われていることを理解できるようにすること」です。地域のスーパーマーケットを事例として扱います。単元の問いを「スーパーマーケットの人は、売り上げを高めるためにどのような工夫をしているのだろう」とし、追究させていきます。スーパーマーケットの見学などを通して、品物の並べ方や掲示の工夫、安さや新鮮さを伝える工夫などに気づくようにさせます。また、販売者の視点だけでなく、消費者の視点から多角的に考えさせることで、消費者の願いとも関連づけて考えさせるようにします。小単元の後半に、商店街やコンビニと比較させることで、販売の仕事に対する工夫について考えを深めさせます。そして最後に、とくし丸さんを扱いたいと思っています。単元を通してお店を扱ってきましたので、「移動販売はお店ですか？」と問うことで、お店に対する概念を確認させることからはじめてもいいかもしれません。村山さんの仕事を通じて、人とのふれあいの大切さ、地域のコミュニティを作ることの大切さを感じさせます。さらに現代社会が抱えている「買い物弱者」の問題にもふれさせます。この高齢化問題については3年生の子どもたちには考えさせることが難しい問題です。しかし、4年生の伝統工芸や年中行事、5年生の産業での高齢化に伴う後継者不足の問題などを学習した時につなげて考えることができます。このように捉えることが、単元の目標をさらに豊かにしてくれるのです。

さらにもう一つの構想もあります。実は、とくし丸さんの販売も、商品の並べ方、安さや新鮮さを伝える工夫、消費者のニーズに応える工

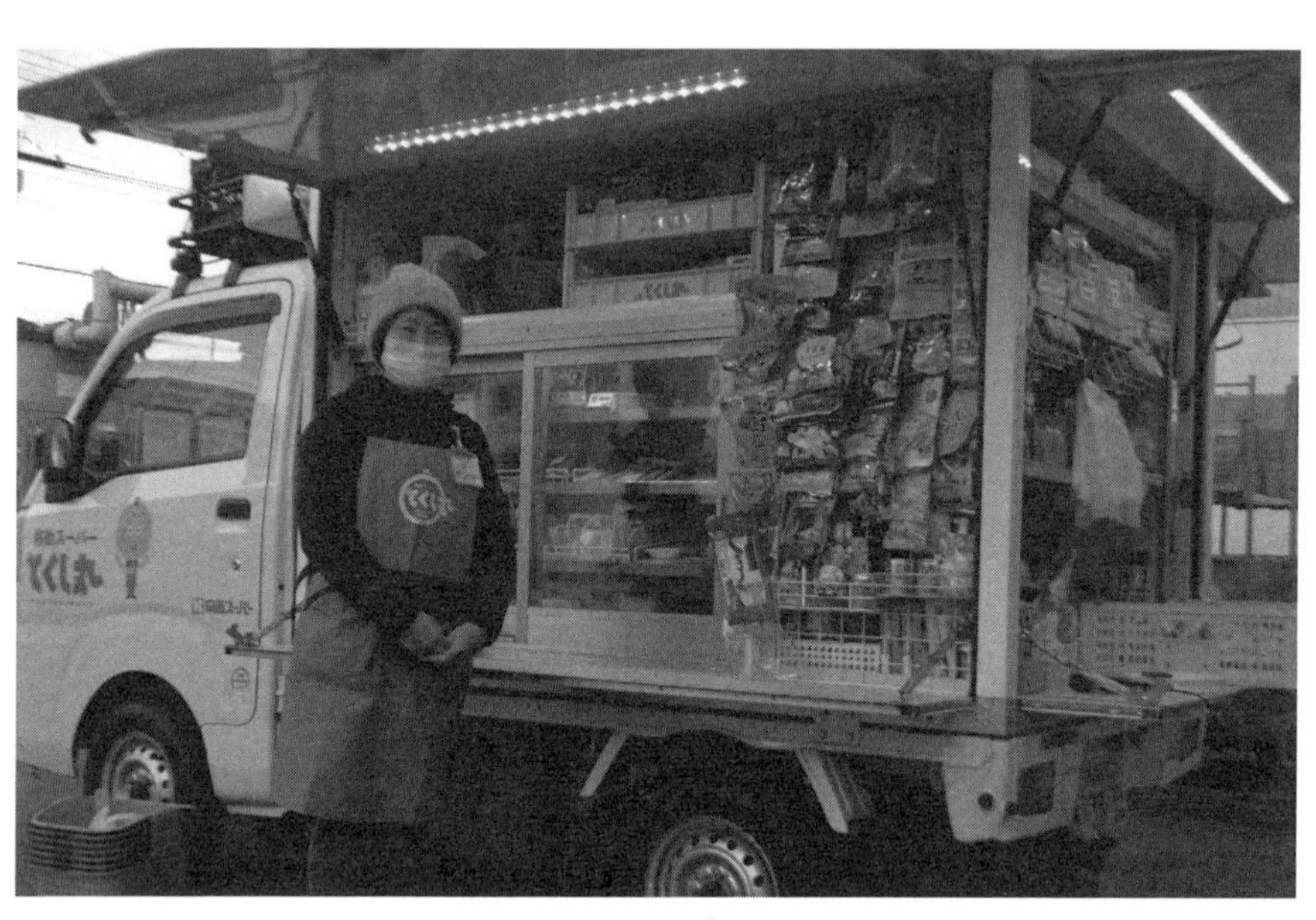

「関西スーパーとくし丸３号」と村山かおりさん

夫が十分にされています。これらは、本小単元で捉えさせたい事項です。ですから、とくし丸さんを中心教材として単元全体を構想することも考えられます。

「移動スーパーはどこへ行くと思いますか？」

「なぜ移動スーパーだと思いますか？」

「とくし丸はどのようにして販売しているのだろう？」

「なぜお年寄りの買い物が多いと思いますか？」

「毎日違うものを積み込むのはなぜだと思いますか？」

「なぜバナナはずっと固定位置にしていると思いますか？」

「お惣菜ボックスは、なぜ引き出しにしていると思いますか？」

「今日の販売にきゅうりが多いのは、なぜだと思いますか？」

「村山さんは○○の商品を袋に入れています。なぜだと思いますか？」

「なぜ黒いかごとピンクのかごに分かれていると思いますか？」

「半分サイズの商品が多いのはなぜだと思いますか？」


様々な問いが思いつきます。考えられる問いを取捨選択し、組み立てていくことで、単元の学習を大まかに構想することができます。それらの問いに子どもたちが答えることで、様々な販売の工夫を捉えさせることができます。そこに村山さんの想いや願いを入れていくことで、血の通った学習にすることができます。

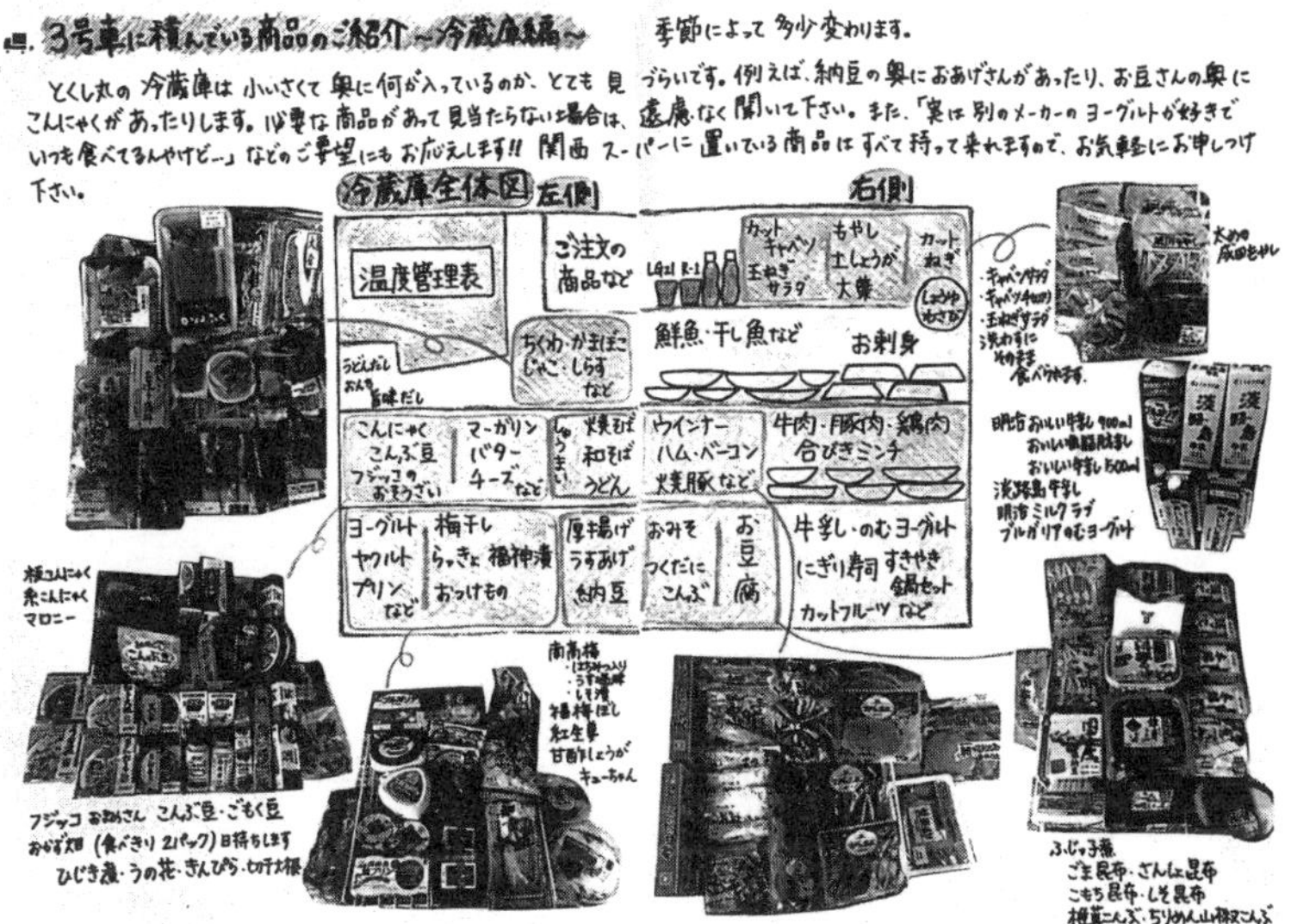

村山さんの「とくし丸通信」の一部

③「＋α」で考える

まるごと教材化するのは確かに大変です。そこでおすすめは、**教科書＋αで教材を扱う**ということです。１時間授業の大半を教科書通りに進め、**最後の数分間、自分がもってきた教材を使うというやり方**です。例えば、６年生の歴史人物である行基。教科書では、大仏建立のキーパーソンとして扱われています。教科書には、「行基の協力は、人々の力を集める上で大きな力となりました」という表記があります。これに少し＋αをする教材開発です。ここから授業の流れについて説明します。

まず、行基の写真を提示し、名前を教えます。次に行基町の地図を提示します。「え、行基の名前がたくさんある」と子どもたちは気づきます。「なぜ伊丹市に『行基』の名前が多いのだろう？」という問いをもちます。子どもたちは「行基が伊丹市で生まれたのかな」「伊丹市に行基のお墓がある」「人気があったのかな」などと予想します。

次に、伊丹市全体の写真を提示し、多くのため池が存在することに気づかせます。池を行基が造ったことを伝え、ため池を造った理由を教科書や資料集で調べさせます。日照りや干ばつがひどかった時代だったからこそ、多くのため池を造った行基が農民たちから感謝されていたことを捉えることができます。だからこそ、行基が大仏づくりに協力することで、行基を慕う人々も多く大仏づくりに参加するようになったのです。

聖武天皇の大仏造営を学習した後にこのような内容を＋αで加えるだけでも歴史の見方が豊かになるのではないでしょうか。このような部分的な＋αの教材化もおすすめします。

社会科を専科等でしていない教師にとっては、教材発掘、教材化は至難の業です。1年に何本も教材化できるわけではありません。例えば、1年間に1本だけ開発しようと決めてみるのはいかがでしょうか。当たり前ですが、1年間に1本開発すれば、5年間で5本。それだけでもたいしたものです。夏休み等の間に少し考えるのでもいいのではないでしょうか。

そして、開発した教材は、ぜひ学校の「宝」にしてください。できるだけ共有して教材の「輪」を広げ、だれでも簡単に使えるようにしていくことが、少しでも社会科好きの教師を多くする秘訣だと感じています。私もそんなネットワークをつくりたいと思っています。

私は、教材を発掘し、教材化していく過程こそが自分の人生を豊かにしていくことの一つではないのかと思っています。こういう私は実は社会科が好きではありませんでした。今は大好きです。そうなった理由は、このような教材発掘・教材化のおもしろさを発見できたからかもしれません。そして何より、教材化することのおもしろさの醍醐味は、**子どもの反応の変化**です。子どもたちは、教師が独自で開発した教材にのめり込むことが多いです。おもしろがって

行基町

西松屋チェーン
伊丹行基店
生協コープこうべ
コープ行基
1丁目

いる人に感化されて子どももおもしろがるからでしょうか。そういう**おもしろがっている子どもの姿を見るのが最高です。**だから教材化への道は止められません。

こんなものを
見つけてきました！

先生、それは
何？　何？
おー！
どこで
見つけたのかな？

豊かさは教師の経験の豊かさから

社会科は、**「観」が明確に現れる教科**だと感じています。人間観、社会観、授業観などです。**教材は、その人の「観」や人間性の豊かさがにじみ出てくるもの**だと思っています。「観」や人間性を磨くのは一朝一夕でできることではありません。ですから、多くの経験をし、人から学び、多くの書物を読む必要があるのです。

その中で素材が見つかることも多々あります。

読書も教育書だけでなく、文芸、芸術、実用書など、**幅広い読書**をしたいものです。

旅行もいいと思います。旅行には、カメラ、ビデオカメラ、メモ帳を持参することをおすすめします。気になったことはメモを取ったり、ビデオカメラに収めたり、旅行先での出来事や見聞きしたことが教材につながることもあります。また、教材研究することを目的の一つに加えて旅行することも、目的意識があって意味のある旅行となります。

美術館もおすすめです。「ホンモノ」に出合えます。紙面で見ている絵とはやはり違います。そのサイズ感であったり存在感であったりは実際に実物を観なければわかりません。奥村高明氏は著書『エグゼクティブは美術館に集う』

（２０１５）の中で「一瞬でも本物の経験をするとそれまで学んだ知識が全部つながって大きく飛躍する」と述べています。美術鑑賞をすることで、そのものと自分のもつ知識や経験などが結び付けられたり、再構築されたりするのでしょう。知識や見方が豊かになる感覚が芽生えます。

そして、**教師以外の人と意識して話をする機会を設けること。**これがとても大切です。視野を広げ、幅広い学びになること間違いありません。私も意図的にそういった機会を設けています。会って話すことを目的にして出かけることもあります。しかし、少しのことでいいと思います。近所の買い物先の店主さんと話したり、髪の毛を切ってもらう美容師さんと話をしたり、日常的なかかわりを楽しむようにしています。

普段自分がしない新しいことにも挑戦するのもいいかもしれません。リフレッシュすると共に、新たな発見と喜びがあるでしょう。

例えば、

・ボランティア活動
・校区の名所巡り（史跡、名勝、山、寺社仏閣など）
・山や海でキャンプ
・登山
・英会話
・クッキング
・絵画や陶芸
・温泉巡り

などなど…。

豊かな経験は豊かな思考につながり、様々な事象を理解していく基盤となります。人は、出合った事象と、自分の類似した経験と結びつけて捉えようとするからです。つまり、豊かな経験を積めば積むほど理解の幅は広がり、より豊かに世界が見られるようになるのです。豊かにしてくれる経験はたくさんあります。そんな経験をたくさん積みたいものです。

何に「豊かさ」を感じるかはその人それぞれです。経験だけがすべてではありません。人それぞれに「豊かさ」があり、それぞれの「豊かさ」を感じる時間が違います。ゆったりとする時間を過ごしたり、ものをじっくりと考えたりする時間も必要です。その時間が「豊かさ」でもあります。

「豊かさ」を感じる心を大切にし、「観」を磨いていきたいものです。

おわりに

本年度、担任した子どもたちに初めて会ったのは、ＰＣの画面の中でした。出会えた時の感動は今でもはっきりと覚えています。Ｚｏｏｍによる学級活動、リアルに出会ったことのない子どもたちとのやり取りが始まりました。物理的な距離は大きくなりましたが、心の距離は近くすることの大切さがよく分かりました。

このようなはじまりをだれが予想していたことでしょうか。だれも予想すらできなかったでしょうが、今回はっきりとわかったことは「何が起こるかわからない」「何が起きてもおかしくない」ということでした。コロナ禍を機に、身の回りの状況が加速度的に変化しています。これから今までだれも経験したことがない予測できない社会が待っています。未来を担う子どもたちはどう対応していくのでしょうか。子どもたちは、実際の社会の中でどのように生きていくのでしょうか。先の見えない世の中、子どもたちはどうリアルに対応していくのでしょうか。そのようなことを思いながら、社会科という教科に何ができるのか、考えずにはいられませんでした。

これからどのような時代になろうとも、人々が「よりよい未来を志向する」という点は変わりません。社会科という教科は、未来について考える人間の形成にとって最も中心的になるものです。社会科という教科のあり方を追究することは、人々の未来の幸福につながるものだと信じています。社会科の役割を誠実に地道に果たしていくしかありません。強くそう思っています。

最後になりましたが、本書の編集にあたって、東洋館出版社の方々には本当にお世話になりました。高木聡さんには教室までお越しいただき、多くのご示唆をいただきました。本書の構成にあたっての多大なるアドバイスをいただきました。北山俊臣さんには、最初から最後まですべてにおいて二人三脚で取り組ませていただきました。本書を執筆する以前から私の授業公開や講座の際によく足を運んでくださり、いつも気にかけてくださっていました。今回、北山さんと共にこのような形で上梓できたことを幸せに感じています。常に学ぶ姿勢をもたれ、これからも共に歩みたいと思わせていただける方です。何をするにもやっぱり「人」です。

そして何より、本書を手に取ってくださった読者の皆様、本当にありがとうございました。子どもたちと過ごす日々が少しでも豊かなものとなれば幸いです。

たかが社会科、でもその社会科という教科のもつ「可能性」を信じ、日々支えてくださる方々への感謝の気持ちをもちながら歩みを進めたいと思います。

〈参考文献〉

本書の執筆にあたって、本文中に紹介した文献並びに、次の諸文献を参考にさせていただきました。ここに記して感謝の意を表します。

『小学校社会科の授業設計』岩田一彦（1991）東京書籍
『小学校 社会科の授業分析』岩田一彦（1993）東京書籍
『社会科授業研究の理論』岩田一彦（1994）明治図書出版
『見方・考え方［社会科編］』澤井陽介、加藤寿朗（2017）東洋館出版社
『小学校新学習指導要領ポイント総整理 社会』安野功・加藤寿朗他（2017）東洋館出版社
『ステップ解説　社会科授業のつくり方』澤井陽介・中田正広（2014）東洋館出版
『社会科授業のUD』村田辰明（2013）東洋館出版社
『実践！社会科授業のユニバーサルデザイン 展開と技法』村田辰明（2019）東洋館出版社
『社会科の学習問題づくりと授業展開』木原 健太郎・高橋 貞夫（1983）明治図書出版
『新社会科・学習問題づくりの指導技術』北俊夫（1990）明治図書出版
『社会科教育2018年6月号』石田航平（2018）明治図書出版
連載「小学校社会科の授業のUD」第5回「社会科授業の焦点化」村田辰明　教育出版WEB
『社会科授業の理論と実践』永井政直（1992）文教書院
連載「小学校社会科の授業のUD」第3回「社会科授業での視覚化」宗實直樹教育出版WEB
『社会科教育2018年11月号』中村祐哉（2018）明治図書出版
『社会科教育2018年12月号』角谷俊幸（2018）明治図書出版
『マナビズム「知識」は変化し、「学力」は深化する』奥村高明（2018）東洋館出版社
連載「小学校社会科の授業のUD」第4回「社会科授業での共有化」・宗實直樹教育出版WEB
『社会科教育』日本授業UD学会リレー連載　第4回「社会科では、「どこで」「何を」「どのように」共有化させるのか」宗實直樹　明治図書出版
『教師という仕事と授業技術』奈須正裕（2006）ぎょうせい
『子どものものの考え方』波多野完治・滝沢武久（1963）岩波書店
『社会科における比較学習の指導』山口康助（1975）明治図書出版

『比較学習による社会科授業の展開』木原健太郎・佐野藤雄 編（１９８１）明治図書
『社会科　単元比較学習の展開』藤本光（１９７４）明治図書
『産業学習の理論と授業』岩田一彦（１９９１）東京書籍
『創造的見方考え方をのばす社会科の指導技術　高学年』山中升（１９６７）東洋館出版社
『社会科歴史授業における比較史の教育』沖野舜二（１９６２）葵書房
『新しい社会科指導法の創造』大森照夫（１９７８）学習研究社
『社会科における思考の因子とその形成』山口康助（１９７０）明治図書出版
『思考と認識を深める社会科指導』山中升（１９６４）東洋館出版社
『立体的地理教授』真鍋捨三（１９２５）駸々堂
『社会科の「つまずき」指導術―社会科が面白いほど好きになる授業デザイン』宗實直樹（２０２１）明治図書出版
『学力と授業』上田薫（１９８８）明治図書出版
『社会科授業技術の理論』日台利夫（１９８１）明治図書出版
『子どもの可能性をひらくもの』横須賀薫（１９８７）教育出版
『授業の深さをつくるもの』横須賀薫（１９９４）教育出版
『授業づくりの発想』藤岡信勝（１９８９）日本書籍
『教材づくりの発想』藤岡信勝（１９９１）日本書籍
『社会科の授業をつくる－社会に目を開く教材の発掘―』佐久間勝彦（１９８５）明治図書出版
『地域教材で社会科授業をつくる』佐久間勝彦（１９８７）日本書籍
『教材発掘フィールドワーク』佐久間勝彦（１９８９）日本書籍
『子どもの生きる社会科授業の創造』有田和正（１９８２）明治図書出版
『教える授業から育てる授業へ』山田勉（１９８７）黎明書房
『スペシャリスト直伝！社会科授業成功の極意』佐藤正寿（２０１１）明治図書出版
『教材事典：教材研究の理論と実践』日本教材学会（２０１３）東京堂出版
『教材と教具の理論』中内敏夫（１９９０）あゆみ出版
『教材構造入門』広岡亮三（１９６７）明治図書出版
『教材の構造化』井上弘（１９６９）明治図書出版
『教科経営の創造　中２』本多公栄（１９６９）国土社

『「伝統と文化」に学ぶ社会科学習―地域に根ざした産業の教材開発』佐島群巳（１９８９）東洋館出版社
『授業設計のストラテジー』吉本均（１９８４）明治図書出版
『教科と教材の開発』柴田義松・藤岡信勝・臼井嘉一（１９９４）日本書籍
『しなやかな授業』山田勉（１９８９）黎明書房
『子どもと創る授業　学びを見とる目、深める技』奈須正裕（２０１３）ぎょうせい
『歴史人物エピソードからつくる社会科授業42＋α』山の麓の会（２０２０）明治図書出版
『社会科の教材をつくる』山下國幸（１９８３）あゆみ出版
『社会科教育学』伊東亮三（１９９０）福村出版
『かたつむりがやってくる　たまちゃんのおつかい便』森沢明夫（２０１９）実業之日本社
『ザッソー・ベンチャー　移動スーパーとくし丸のキセキ』住友達也（２０１８）西日本出版社
『買い物難民を救え！移動スーパーとくし丸挑戦』村上稔（２０１４）緑風出版
『ねてもさめてもとくし丸　移動スーパーここにあり』水口美穂（２０１７）西日本出版社

『エグゼクティブは美術館に集う』奥村高明（２０１５）光村図書出版
『世界のエリートはなぜ「美意識」を鍛えるのか？』山口周（２０１７）光文社
『現代社会科授業理論』森分孝治（１９８４）明治図書出版
『教える授業から育てる授業へ―学習主体性論の展開』山田勉（１９７９）黎明書房

『授業の深さをつくるもの』横須賀薫（１９９４）教育出版
『子どもの可能性をひらくもの』横須賀薫（１９８７）教育出版
『子どもと創る授業　学びを見とる目、深める技』奈須正裕（２０１３）ぎょうせい
『次代の学びを創る知恵とワザ』奈須正裕（２０２０）ぎょうせい
『社会科授業構成の理論と方法』森分孝治（１９７８）明治図書出版
『現代社会科授業理論』森分孝治（１９８４）明治図書出版
『学習原論』木下竹次（１９７２）明治図書出版
『よい授業を創る教え方の基礎技術』木原健太郎（１９８３）明治図書出版
『関わることへの意志　教育の根源』藤岡完治（２０００）国土社
『社会科評価の理論と方法』中野重人（１９８５）明治図書出版

『思考と論理』大森荘蔵（２０１５）筑摩書房
『教科における思考と構造』沖山光他（１９６６）東洋館出版社
『子どもの思考力』滝沢武久（１９８４）岩波書店
『人間開発』加藤秀俊（１９６９）中央公論新社
『知力と学力—学校で何を学ぶか—』波多野誼余夫、稲垣佳世子（１９８４）岩波書店
『ことばと発達』岡本夏木（１９８５）岩波書店
『学びとは何か—〈探究人〉になるために』今井むつみ（２０１６）岩波書店
『社会認識の歩み』内田義彦（１９７１）岩波書店
『授業展開の教授学』吉本均監修（１９８３）明治図書出版
『学力と評価の理論』中内敏夫（１９７１）国土社
『教育と陶冶の理論』小川太郎（１９７４）明治図書出版
『ルポルタージュの方法』本多勝一（１９８３）朝日新聞社
『取材学—探求の技法』加藤秀俊（１９７５）中央公論新社
『問題解決学習の理論と方法』谷川彰英（１９９３）明治図書出版
『子どものための教育』重松鷹泰（１９７９）国土社
『社会科学習のつまずきを生かす授業　小学３・４年』山口康助（１９７６）明治図書出版
『社会科授業の改革と展望』片上宗二（１９８５）明治図書出版
『社会科評価の理論と方法』中野重人（１９８５）明治図書出版
『新学力観のための評価と指導』藤岡完治・北俊夫 編（１９９７）ぎょうせい
『生きる力をつける授業』築地久子（１９９１）黎明書房
『問題解決学習のストラテジー』藤井千春（１９９６）明治図書出版
『授業をみがく』長岡文雄（１９９０）黎明書房
『授業の改造』富山市立堀川小学校（１９６２）明治図書出版
『ずれによる創造』上田薫（１９７３）黎明書房

プロフィール

宗實直樹（むねざね なおき）

関西学院初等部教諭。社会科授業UD研究会所属。授業研究サークル「山の麓の会」代表。「宗實」姓の全国順位は37462位、およそ70名存在。大学では芸術系美術分野を専攻し、美学と絵画（油彩）を中心に学ぶ。卒業論文は「ファッションの人間学」。大学卒業後、兵庫県姫路市の公立小学校、瀬戸内海に浮かぶ島の小学校を経て、2015年より現任校へ。単著に『社会科の「つまずき」指導術』（明治図書出版）共著に『実践! 社会科授業のユニバーサルデザイン 展開と技法』（東洋館出版社）『歴史人物エピソードからつくる社会科授業42＋α』（明治図書出版）『これで、社会科の『学び合い』は成功する！』（学事出版）『100万人が受けたい社会科アクティブ授業モデル』（明治図書出版）等他多数。
様々な場所でフィールドワークを重ね、人との出会いを通じて教材づくりを進めている。社会科教育、美術科教育、特別活動を軸に、「豊かさ」のある授業づくり、たくましくしなやかな子どもの育成を目指して、反省的実践を繰り返す。

ブログ　「社会のタネ」(https://yohhoi.hatenablog.com/)において、社会科理論や実践を中心に日々発信中。

メール　yamanofumoto2012@gmail.com

宗實直樹の社会科授業デザイン

2021（令和3）年2月1日　初版第1刷発行
2024（令和6）年8月7日　初版第3刷発行

著　者　宗實直樹
発行者　錦織圭之介
発行所　株式会社 東洋館出版社
〒101-0054　東京都千代田区神田錦町2-9-1
コンフォール安田ビル2階
代　表　TEL：03-6778-4343
FAX：03-5281-8091
営業部　TEL：03-6778-7278
FAX：03-5281-8092
振替　00180-7-96823
URL　https://www.toyokan.co.jp
[装　丁]　國枝達也
[イラスト]　こすげちえみ
[カバー写真]　P-TALK
[印刷・製本]　岩岡印刷株式会社

ISBN978-4-491-04363-0　/　Printed in Japan